Pflanzen für den Gartenteich

Axel Gutjahr

Pflanzen für den Gartenteich

- Die schönsten Teichpflanzen
- Pflanz- und Gestaltungsvorschläge
- Die schönsten Pflanzen im Porträt

AUGUSTUS

Eigentum Elisabeth Gräbner
Sommer 2006

Bestandene Lehre
Zeugnisübergabe in DD Pillnitz

Landesverband Gartenbau Sachsen e.V.
Mitglied im Zentralverband Gartenbau e.V.

Dipl.-Ing. Eberhard Haag
Geschäftsführer

Scharfenberger Str. 67
01139 Dresden
Tel: 0351/8491619
Fax: 0351/8491623
Funk: 0174/3256833
E-Mail: Eberhard.Haag@gartenbau-sachsen .de

Die Deutsche Bibliothek – CIP-Einheitsaufnahme

Ein Titeldatensatz für diese Publikation ist bei
Der Deutschen Bibliothek erhältlich.

Dieses Buch folgt den Regeln der neuen deutschen
Rechtschreibung

Augustus Verlag München 2002

Umschlaggestaltung: Hartmut Czauderna, München
Umschlagfotos: alle Archiv Augustus Verlag
Illustration: Grafik-Design & Illustration Sabine Weber,
Appenweier
Fotos: Axel Gutjahr, S. 2 Wolfgang Redeleit
Satz und Gestaltung: Gesetzt aus der The Mix light 9/12˙
von Hartmut Czauderna, München
Reproduktion: Repro Ludwig, Zell am See
Druck und Bindung: Printer Trento S.r.l., Trient
Gedruckt auf chlorfrei gebleichtem Papier
Printed in Italy

ISBN 3-8043-7232-5

Einleitung

In unserer heutigen Zeit, die zunehmend von Hektik und Alltagsstress geprägt wird, suchen immer mehr Menschen nach einem beschaulichen Ort, an dem sie sich ausruhen und entspannen können. Manchmal ist dieser Ort eine kleine Bank am Gartenteich. Hier lassen sie ihre „Seele so richtig baumeln" und beobachten beispielsweise die Libellen beim Hochzeitsflug, hören den Fröschen beim Quakkonzert zu oder erfreuen sich einfach nur an den vielfältigen Farben, Formen und Düften der Teichpflanzen. Die Pflanzen sind es auch, die in einem ganz erheblichen Maß das Aussehen des Gartenteichs mitbestimmen. Durch ihr geschicktes Anordnen – kombiniert mit Steinen, Wurzeln oder sonstigem naturbelassenen Holz – kann mit etwas Aufwand aus jedem Gartenteich ein toller Blickfang „gezaubert" werden, der gleichzeitig auch die Attraktivität der gesamten Gartenlandschaft erhöht.

Im Gegensatz zu vielen anderen Arten fühlt sich die Sibirische Schwertlilie auf feuchten bis nassen Standorten ausgesprochen wohl.

Mancher Gartenteichbesitzer hat sich vielleicht schon öfter darüber geärgert, dass einige seiner Pflanzen nicht so recht gedeihen wollten. Sie blühen nicht, werfen ständig Blätter ab und sehen insgesamt ziemlich unansehnlich aus. In solchen Situationen glaubt man schnell, dass die Pflanzen krank sind. Das mag sicherlich in dem einen oder anderen Fall zutreffen, aber der Kümmerwuchs kann auch völlig andere Ursachen haben. Möglicherweise eignet sich nur das Bodensubstrat nicht oder es wurde ein falscher Standort, zum Beispiel Vollschatten für lichthungrige Pflanzen, ausgewählt. Leider werden auch immer wieder Arten angepflanzt, die sich am Gartenteich überhaupt nicht wohl fühlen. So ist noch immer die Meinung weit verbreitet, dass sich jede beliebige Schwertlilien-Art hervorragend am Teichufer kultivieren lässt. Doch das ist ein Irrtum. Unter den etwa 200 verschiedenen Schwertlilien-Arten findet man nur rund zehn, die, wie die Sibirische Schwertlilie (*Iris sibirica*), auch in freier Natur in Sümpfen oder auf staunassen Wiesen wachsen. Einige weitere Arten, die normalerweise nicht in diesen Biotopen vorkommen, sind jedoch so anpassungsfähig, dass sie noch verhältnismäßig gut auf feuchten Standorten gedeihen. Letztlich gibt es aber auch Schwertlilien-Arten, die es überhaupt nicht mögen, wenn sie mit ihren „Füßen" ständig in staunassen Böden oder sogar direkt im Wasser stehen – und das äußert sich dann oftmals in reduziertem Wachstum.

Dieses Buch soll dazu beitragen, dass solche und andere Fehler im Umgang mit Teichpflanzen möglichst gar nicht erst passieren – denn schließlich soll jeder viel Freude mit seinem Gartenteich haben, der üppig grünt und blüht.

Wissenswertes über Teichpflanzen

Bei der Pflanzung von Seerosen, hier **Nymphaea moorei**, *ist es völlig unzweckmäßig, Stalldung mit ins Bodensubstrat zu geben.*

Sumpf- und Wasserpflanzen befriedigen nicht nur menschliches Schönheitsempfinden, sondern sie nehmen auch wichtige biologische Funktionen am und im Teich wahr. Beispielsweise produzieren sie während der Photosynthese einen Überschuss an Sauerstoff und entziehen dem Wasser eine Vielzahl an gelösten Nährstoffen. Sie tragen so entscheidend dazu bei, dass sich im Gartenteich ein stabiles biologisches Gleichgewicht einstellen kann.

Umweltansprüche der Teichpflanzen

Wie alle Lebewesen stellen auch unsere Teichpflanzen bestimmte Ansprüche an ihre Umwelt. Bei manchen Arten gleichen sich die Umweltansprüche weitestgehend oder sind zumindest ähnlich, während einige andere „aus der Reihe tanzen" und die unterschiedlichsten Sonderwünsche haben. So benötigen beispielsweise Armleuchteralgen (*Chara sp.*) Wasser mit einem relativ hohen Kalkgehalt, während Sonnentau-Arten (*Drosera sp.*) nur auf ausgesprochen kalkarmen Bodensubstraten wachsen. Nachfolgend werden nun die wichtigsten Umweltfaktoren, die Wachstum und Blühfreudigkeit unserer Pflanzen entscheidend beeinflussen, kurz vorgestellt.

Das Bodensubstrat

Das Bodensubstrat ist für die meisten Teichpflanzen in doppelter Hinsicht bedeutungsvoll, weil es zum einen zur Verankerung ihrer Wurzel dient und zum anderen auch noch viele wichtige Nährstoffe enthält. Geeignete Bodensubstrate kann man entweder im Fachhandel erwerben oder selbst mischen. Wem die letztgenannte Variante mehr zusagt, dem sei eine Mischung empfohlen, die sich schon seit langem in der Praxis vieler Gartenteichbesitzer bewährt hat. Sie besteht etwa zur Hälfte aus nicht zu feinkörnigem Sand und zu je einem Viertel aus Torf und gut ausgesiebter Gartenerde. Nachdem man dieses Pflanzsubstrat im Teich und an den Uferbereichen verteilt hat, sollte auf jeden Fall noch eine mindestens 4 bis 6 cm starke Schicht aus feinem, gut gewaschenem Kies (Einzelkorngröße bis maximal 5 mm) darüber gegeben werden. Die Kiesschicht verhindert ein Aufschwimmen von Erde- und Torfpartikelchen, die eine Trübung des Wassers hervorrufen können. In der Vergangenheit wurde, insbesondere beim Pflanzen von Seerosen (*Nymphaea sp.*), häufig Stalldung mit ins Bodensubstrat hineingegeben. Das ist jedoch meist nicht sinnvoll, weil Stalldung sehr viele Stickstoffverbindungen enthält, die die Wasserqualität negativ beeinflussen und gleichzeitig das Algenwachstum fördern. Gewöhnlich reichen im ersten Jahr die im Boden enthaltenen Nährstoffe ohnehin für die Pflanzen völlig aus. Oftmals können sie sogar noch problemlos deren Bedarf im Folgejahr decken. Sollte das nicht der Fall sein, wird am besten eine Gabe handelsüblicher Gartenteichdünger verabreicht.

Mit einem Extrakt aus selbstgesammelten Erlenzäpfchen lässt sich der pH-Wert des Wassers ganz leicht absenken.

Der pH-Wert des Wassers

Ganz einfach ausgedrückt gibt der pH-Wert an, ob die betreffenden Substanzen und Flüssigkeiten sauer, alkalisch oder neutral reagieren. Bei einem pH-Wert von 7,0 ist unser Teichwasser neutral. Sinkt der pH-Wert unter 7,0, bekommt das Wasser einen zunehmend sauren Charakter; steigt er dagegen über 7,0, nimmt der alkalische Charakter zu.
Die meisten Teichpflanzen fühlen sich in einem pH-Wert-Bereich von etwa 6,5 bis 7,0 am wohlsten. Um den pH-Wert zu ermitteln, kann man im Fachhandel entsprechende Teststreifen kaufen. Für diejenigen, die noch etwas tiefer in den Geldbeutel greifen wollen, sind auch elektronische Messgeräte im Angebot.
Wurde nun bei einer Messung festgestellt, dass der pH-Wert deutlich über 7,0 liegt, kann man zu dessen Senkung ganz leicht ein Extrakt aus Erlenzäpfchen oder Eichenrindenspänen herstellen. Je nach Größe des Gartenteichs gibt man dazu 200 oder mehr Erlenzäpfchen beziehungsweise eine Hand voll Eichenrindenspäne in ein 3-l-Einweckglas und füllt dieses anschließend mit lauwarmem Wasser. Nach etwa 24 Stunden hat sich ein saurer, dunkelbraun aussehender Extrakt gebildet. Nun nimmt man die Zäpfchen oder Späne heraus und kann den Extrakt in kleinen Portionen vorsichtig in den Teich gießen. Um eine schnelle Verteilung im gesamten Teich zu gewährleisten, ist es ratsam, das Wasser dabei vorsichtig mit einer Schaufel oder einem Spaten umzurühren. Damit der pH-Wert nicht tiefer als beabsichtigt sinkt, müssen zwischendurch immer wieder Kontrollmessungen erfolgen. Ist schließlich der gewünschte Wert erreicht, wird kein Extrakt mehr in den Teich gegeben.

Wassertemperatur und Wasserstand

Die van't Hoffsche Regel besagt, dass bei einer Temperaturerhöhung um etwa 10 °C alle biologischen Aktivitäten zwei- bis dreimal so schnell ablaufen. Das gilt uneingeschränkt auch für alle Pflanzen des Gartenteichs. Insofern ihnen die anderen Umweltfaktoren wenigstens einigermaßen zusagen, wächst die Mehrzahl aller Teichpflanzen in wärmeren Böden und Gewässern deutlich schneller als in kälteren. Manche natürlichen Quellgewässer weisen ständig so niedrige Temperaturen auf, dass nur wenige Pflanzenarten bereit sind, sich darin dauerhaft anzusiedeln. Deshalb wird man beispielsweise die Wärme liebende Schwanenblume (*Butomus umbellatus*) nie in einem Quellgewässer finden, dessen Temperatur ständig 6 bis 10 °C beträgt. So ist es folglich auch nicht ratsam, eine auf dem Grundstück austretende kalte Quelle in einem mit Überlauf ausgestatteten Gartenteich zu fassen.

Eine ganze Reihe von Pflanzenarten, wie etwa die Krebsschere (*Stratiotes aloides*), haben es am liebsten, wenn die Wasserstandshöhe immer annähernd konstant bleibt. Auf plötzlich durchgeführte starke Anhebungen oder Absenkungen des Wasserspiegels reagieren sie oftmals mit Wachstumsstörungen. Der Begriff „plötzlich" bezieht sich in diesem Fall auch noch auf einen Zeitraum von ein oder zwei Tagen.

Im Gegensatz dazu kann es jedoch bei frisch gepflanzten Seerosen sehr sinnvoll sein, den Wasserspiegel zunächst so weit abzusenken, dass wenigstens ein paar Laubblätter an der Oberfläche schwimmen. Dadurch wachsen die Seerosen meistens wesentlich schneller. In der Folgezeit braucht man dann nur noch den Wasserstand alle paar Tage um einige Zentimeter anzuheben.

Die Krebsschere hat es am liebsten, wenn die Wasserstandshöhe immer weitestgehend konstant gehalten wird.

Der Standort

Viele Teichpflanzen sind ausgesprochen sonnenhungrig. Damit sie ordentlich gedeihen und ihre ganze Blütenpracht entfalten, benötigen sie unbedingt Standorte, die sich entweder in der Vollsonne oder im Halbschatten befinden. Zu den verhältnismäßig wenigen Arten, die sogar noch gut im Vollschatten wachsen und blühen, gehört beispielsweise die Gemeine Pestwurz (*Petasites hybridus*).

Bei der Standortwahl ergibt sich auch oftmals die Frage: Soll die Pflanze lieber in einen Kübel oder direkt im Teichboden eingesetzt werden? Eine pauschale Antwort ist hierzu nicht möglich, weil beide Varianten Vor- und Nachteile haben. So ist es sehr zweckmäßig, Pflanzen, wie die aus dem tropischen Afrika stammende Nymphaea zanzibariensis in einen Kübel zu setzen, damit man sie im Herbst leicht aus dem Teich nehmen und in einem frostfreien Gewächshaus überwintern kann.

Zu ihrem eigenen Schutz sollten auch Arten, wie etwa

der Pillenfarn (*Pilularia globulifera*), die gewöhnlich dem Konkurrenzdruck stärkerer Pflanzen nicht standhalten, einen Kübel oder eine Pflanzschale erhalten. Im Gegensatz dazu kann es bei der Gestaltung kleinerer Teiche aber auch sehr sinnvoll sein, stark wachsende Pflanzen, wie den Ästigen Igelkolben (*Sparganium erectum*) oder den Gemeinen Tannenwedel (*Hippuris vulgaris*) in einen Kübel zu setzen, um auf diese Weise ihre ungehemmt Ausbreitung zu verhindern. Ein Nachteil der Kübelpflanzen besteht darin, dass man sie von Zeit zu Zeit um- oder austopfen und ihren Wurzelstock teilen beziehungsweise zurückschneiden muss. Außerdem wirken Gefäße, die unkaschiert im Teich platziert wurden, immer wie „Fremdkörper“. Hier kann man jedoch verhältnismäßig leicht Abhilfe schaffen, indem man die betreffenden Gefäße einfach unter Wurzeln und Steinen versteckt.

Unnatürlich aussehende Pflanzgefäße kann man im Teich geschickt unter Steinen und Moorkienwurzeln verstecken.

Ein Nachteil von frei im Teichboden wachsenden Pflanzen besteht darin, dass sie oft zu üppig wachsen. Damit der Teich dann nicht irgendwann einen verwilderten Eindruck macht, ist es erforderlich, die Pflanzenbestände immer wieder auszulichten. Diese Arbeit kann sowohl im Frühjahr als auch im Herbst erfolgen. Nur während der Blühphase sollte man möglichst nicht auslichten, weil viele Pflanze dadurch zu stark geschwächt werden.

Konkurrenz zwischen den Teichpflanzen

Genauso wie im Tierreich herrscht auch in der Pflanzenwelt ein ständiger Konkurrenzkampf, bei dem jede Art danach strebt, die eigenen Überlebens- und Fortpflanzungschancen zu verbessern. Selbstverständlich bilden dabei auch unsere Teichpflanzen keine Ausnahme. Das „Fressen und Gefressenwerden“ findet in einer abgewandelten Form auch unter den Pflanzen statt, weil die verschiedenen Arten versuchen, sich gegenseitig zu verdrängen. So bemühen sie sich beispielsweise, schneller als ihre Konkurrenten zu wachsen, damit diese das für die Photosynthese erforderliche Sonnenlicht möglichst nicht mehr in ausreichenden Mengen erhalten. Darüber hinaus sind sie auch noch bestrebt, sich gegenseitig wichtige, über die Wurzeln aufnehmbare Nährstoffe zu entziehen.
Auf der Grundlage von Spezialisierungen und Anpassungen haben sich im Verlauf der Stammesentwicklung zwischen den Pflanzen, die dieselben Lebensräume besiedeln, recht stabile Verhältnisse herausgebildet. Dadurch wurde ein langfristiges Überleben aller in einem bestimmten Biotop wachsenden Arten überhaupt erst möglich. Trotzdem läuft auch zwischen ihnen weiterhin ein ständiger Konkurrenzkampf ab, nur ist eben im Normalfall keine Art in der Lage, binnen kurzer Zeit eine andere völlig zu verdrängen.

Die Idylle trügt. Auch an diesem erst vor kurzen angelegten Teich herrscht zwischen den Pflanzen ein ständiger Konkurrenzkampf. Damit sich bestimmte Arten nicht zu üppig entwickeln, muss der Mensch immer wieder regulierend eingreifen

Kombinieren, aber richtig

Mit dem stabilen Verhältnis sieht es am Gartenteich zumeist ganz anders aus. Bei der Bepflanzung lassen wir uns nur allzu oft von unserem Schönheitsempfinden leiten und vergesellschaften Pflanzen miteinander, die in einer solchen Zusammensetzung gewöhnlich nicht in der freien Natur vorkommen. Häufig sind am und im Gartenteich sogar Pflanzen zueinander gesellt, die aus unterschiedlichen Erdteilen stammen. Unter ihnen befinden sich sowohl stärker als auch schwächer wachsende Arten, was aber nicht weiter problematisch ist, wenn der Konkurrenzkampf durch sinnvolle Maßnahmen ein wenig gesteuert wird. Das beginnt bereits bei der Wahl des Standorts. So wäre es völlig unzweckmäßig, eine starkwüchsige Art, wie etwa das aus Nordamerika stammende Schildblatt (*Darmera peltata*) direkt neben eine extrem konkurrenzschwache Pflanze wie das Sumpfblutauge (*Potentilla palustris*) zu setzen. Falls man die konkurrenzschwachen Arten nicht in ein schützendes Pflanzgefäß gesetzt hat, sollten sie entweder völlig separat oder in der Nachbarschaft anderer schwach wachsender Pflanzen stehen.
Man findet auch immer wieder Gartenteiche, deren Oberfläche so extrem von den Seerosenblättern zugewu-

chert ist, dass man fast kein Wasser mehr sieht. Unabhängig davon, dass solche Teiche ungepflegt wirken, unterdrücken die Seerosen alle Unterwasserpflanzen, weil kaum noch Sonnenlicht bis zu ihnen vordringen kann. Noch ungünstiger erweist sich ein „Oberflächenteppich" aus Wasserlinsengewächsen, insbesondere wenn es sich dabei um die Teichlinse (*Spirodela polyrhiza*) oder die Kleine Wasserlinse (*Lemna minor*) handelt. Diese Arten bilden oft einen so dichten Bestand, dass nicht nur die Sonnendurchflutung der tieferen Wasserschichten erheblich verringert, sondern auch noch der Gasaustausch zwischen Wasseroberfläche und der Außenluft extrem beeinträchtigt wird.
Als Folge entwickelt sich im Teichboden häufig eine Faulschlammschicht, aus der dann der nach faulen Eiern riechende Schwefelwasserstoff austritt. In solchen Situationen bleibt einem eigentlich gar nichts anderes mehr übrig, als den gesamten Teich auszuräumen und gründlich zu säubern. Anschließend muss man das Bodensubstrat erneuern und möglichst dafür zu sorgen, dass beim Neueinrichten nicht wieder Wasserlinsen mit in den Teich gelangen, die manchmal noch an den anderen Pflanzen haften.

Die Regionen des Teiches

Ein Gartenteich lässt sich in verschiedene Regionen gliedern, wobei man nicht den Fehler machen sollte, diese Bereiche millimetergenau gegeneinander abzugrenzen. Das mag zwar theoretisch sehr gut möglich sein, aber in der Praxis sieht es gewöhnlich so aus, dass die Grenzen der einzelnen Regionen fließend ineinander übergehen. Der Vollständigkeit halber soll aber dennoch einmal die theoretische Grobgliederung eines typischen Gartenteichs vorgestellt werden.

Der attraktive Goldgilbweiderich bietet sich hervorragend zur Bepflanzung der Uferregion an.

Die Uferregion

Rings um den Teich befindet sich die Uferregion. Sie geht entweder in Form eines Steilufers oder ganz allmählich in die Flachwasserzone des Teiches über. Je nach Größe des Gartenteichs kann man sämtliche Bereiche zur Uferregion rechnen, die sich außen in 20 bis 100 cm Abstand um den Rand der Wasseroberfläche herum befinden. Der Boden der Uferregion ist oftmals gut durchfeuchtet bis staunass. Arten, die sich sehr gut zur Bepflanzung dieser Region eignen, sind beispielsweise der Goldgilbweiderich (*Lysimachia vulgaris*) und der Wiesenknöterich (*Polygonum bistorta*). Als Ergänzung zu den Pflanzen lässt sich der Uferbereich auch noch mit Kies- und Sandbänken, unterschiedlich großen Natursteinen sowie Wurzeln und totem Holz gestalten.

Zur Bepflanzung der zwischen Wasser und Land befindlichen Übergangszone bieten sich unter anderem das Pfennigkraut (*Lysimachia nummularia*) sowie Torfmoos-Arten (*Sphagnum sp.*) an.

Der Flach- und Tiefwasserbereich

Der nun folgende Flachwasserbereich erstreckt sich bis zu einer Wassertiefe von rund 40 cm. In ihm fühlen sich beispielsweise der Gemeine Froschlöffel (*Alisma platago-aquatica*) und der Fieberklee (*Menyanthes trifoliata*) wohl. An den Flachwasserbereich schließt sich der Tiefwasserbereich an. Hier platziert man Pflanzen, wie die Weiße Seerose (*Nymphaea alba*) und Teichrosen (*Nuphar lutea*), die es gern haben, wenn der Wasserstand über ihnen mindestens 60 bis 100 cm beträgt.
Andere Arten, wie etwa das Harte Hornkraut (*Ceratophyllum demersum*) oder die Kanadische Wasserpest (*Elodea canadensis*) wachsen mit ihren Stängeln niemals aus dem Wasser heraus. Sie gehören zur den typischen Unterwasserpflanzen und gedeihen sowohl im Flach- als auch im Tiefwasser.

Neben Steinen können auch im Wasser liegende Holzstücke mit dazu beitragen, dass der Gartenteich ein urwüchsiges Aussehen erhält.

Die freie Wasserfläche

Rechnet man einmal all diejenigen Bereiche ab, in denen Pflanzen aus dem Teich herausragen, so bleibt normalerweise eine mehr oder weniger große Wasserfläche übrig. Auf rund einem Drittel dieser Fläche kann man problemlos Schwimmpflanzen wie beispielsweise den Gemeinen Schwimmfarn (*Salvinia natans*) oder die nicht winterharte Dickstielige Wasserhyazinthe (*Eichhornia crassipes*) pflegen. Die restlichen zwei Drittel sollten allerdings im Interesse eines kräftigen Wachstums der Unterwasserpflanzen unbedingt frei bleiben.

Erwerb und Transport von Teichpflanzen

Teichpflanzen kann man entweder von Freunden und Bekannten bekommen oder im Fachhandel erwerben. Gärtnereien, Zoofachgeschäfte und die Gartenabteilungen von Baumärkten halten normalerweise immer ein mehr oder weniger umfangreiches Angebot bereit. Mancher Gartenteichbesitzer möchte aber vielleicht auch gerne einmal Arten pflegen, die im Fachhandel so gut wie nie erhältlich sind. Botanische Gärten und diverse Pflanzenausstellungen können hier ein Geheimtipp sein. Erstere geben gelegentlich kleinere Mengen solcher Pflanzen an Interessenten ab. Auch auf Ausstellungen bemüht man sich eigentlich immer, den Besuchern wenigstens ein paar Neuheiten und Raritäten zu zeigen. Mitunter sind die Aussteller sogar froh, wenn sie ihre Pflanzen am Ende nicht wieder mit nach Hause nehmen müssen, sondern gleich preisgünstig verkaufen können.

Worauf Sie achten sollten!

Beim Erwerb von Teichpflanzen ist besonders darauf zu achten, dass sie kräftig aussehen, keine verwelkten Blätter aufweisen und frei von Parasiten und Krankheiten sind. Sehr oft werden die Pflanzen als Containerware, also in Blumentöpfen, angeboten. Dann ist zusätzlich darauf zu achten, dass das Bodensubstrat nicht völlig ausgetrocknet ist, denn selbst wenn die Pflanzen noch recht vital erscheinen, können ihre Wurzeln bereits irreversibel geschädigt sein. Aus diesem Grund müssen sich Pflanzen, die wurzelnackt angeboten werden, unbedingt in einem Gefäß mit Wasser befinden, ansonsten verzichtet man lieber auf ihren Kauf.
Erwirbt man beim Gärtner Jungpflanzen einer kriechenden Seerosen-Sorte, die aus einem abgeschnittenen Stück Wurzelstock hervorsprießen, sollte man sich vergewissern, ob die Schnittstellen auch gründlich desinfiziert wurden. Sonst kann es passieren, dass sich später an der Schnittstelle schädliche Bakterien oder Pilze ansiedeln und dadurch die Seerose abstirbt.

Wurzelnacktes Pflanzgut, wie diese Wasserhyazinthe, sollte zum Transport immer in einem Plastikbeutel verpackt werden, der ein wenig Wasser enthält.

Containerware in einem Gartencenter.

Pflanzen aus „freier Wildbahn“

Eine weitere Möglichkeit zur Beschaffung von Teichpflanzen besteht darin, sie direkt der Natur zu entnehmen. In diesen Fällen muss man aber ganz sicher sein, dass die betreffenden Arten nicht unter Naturschutz stehen. Ebenso

wird kein verantwortungsbewusster Gartenteichbesitzer Pflanzen ausgraben, die zwar nicht unter Naturschutz stehen, dafür aber in ihren natürlichen Beständen stark gefährdet sind, wie das beispielsweise auf den Sumpffarn (*Thelypteris palustris)* zutrifft.
Der Transport nach Hause erfolgt am besten in einer verschlossenen Plastiktüte. Für wurzelnacktes Pflanzgut gibt man noch ein wenig Wasser in den Beutel. Es ist ohnehin sinnvoll, möglichst alle Arten erst am Tag der Pflanzung zu kaufen. Dadurch erspart man den Pflanzen eine mehr oder weniger lange Zwischenlagerung in einer Wanne oder einem anderen Gefäß.

Bei den Seerosen gibt es Sorten mit stationärem und mit kriechendem Wurzelstock. Während die erstgenannten senkrecht eingesetzt werden, muss man kriechende Wurzelstöcke waagerecht ins Bodensubstrat legen.

Pflanzung und Vermehrung

Bei fast allen winterharten Teichpflanzen handelt es sich um Stauden, die bei frostfreiem Wetter das gesamte Jahr über gepflanzt werden können. Als beste Pflanzzeit hat sich allerdings der Herbst erwiesen. Die Pflanzen haben dann genügend Zeit, sich auf die am jeweiligen Standort vorherrschenden Verhältnisse umzustellen. Im Frühling stocken sie nicht erst in ihrem Wachstum, sondern beginnen sofort Wurzeln und Triebe zu schieben.
Soll ein Teich in der wärmeren Jahreszeit gänzlich neu bepflanzt werden, ist es besonders vorteilhaft, wenn er bereits einen Wasserstand von 10 bis 15 cm aufweist. Dadurch gelangen die äußerst empfindlichen Wurzeln der Teichpflanzen schnell wieder ins Wasser. In dieser Zeit sollte man ohnehin nur während der kühleren Abendstunden pflanzen.

Wurzelstock und Samen

Bei den Seerosen gilt es einige Besonderheiten zu beachten, weil es Sorten mit kriechendem und solche mit stationärem Wurzelstock gibt. Letztere setzt man senkrecht in eine entsprechende Pflanzgrube, die anschließend mit Erde gefüllt wird. Kriechende Sorten, wie beispielsweise 'William Falconer' muss man waagerecht in eine flache Mulde legen und danach mit wenig Erde abdecken. Möchte man von den kriechenden Sorten Jungpflanzen gewinnen, so sind diese nur von dem hinteren Ende des Wurzelstocks abzuschneiden. Sorten mit einem stationären Wurzelstock werden hingegen mittels eines senkrechten

Schnittes in zwei Hälften geteilt. Auf diese Weise lassen sich auch sehr viele andere Teichpflanzen vermehren, wobei man größere Wurzelstöcke selbstverständlich in mehr als zwei Teile zerschneiden kann. Eine andere Vermehrungsmethode besteht in der Nachzucht aus Samen. Sie spielt allerdings bei den Stauden nur eine sehr untergeordnete Rolle, da es gewöhnlich sehr lange dauert, bis aus dem Samen eine stattliche Pflanze heranwächst. Anders sieht es bei einjährigen Pflanzen aus. Entweder man kauft sie jedes Jahr erneut im Fachhandel oder man zieht sie, wie beispielsweise das Indische Springkraut (*Impatiens glandulifera*), selbst aus Samen nach. Dazu ist es erforderlich, im Herbst ausreichend Samen von den betreffenden Pflanzen zu gewinnen. Diese bewahrt man den Winter über kühl, trocken und dunkel auf und sät sie im kommenden Frühjahr aus.

Tiere im Teich und Teichpflanzen – geht das immer gut?

Viele Gartenfreunden wollen sich nicht nur mit einem schön bepflanzten Teich begnügen, sondern darin gern auch noch ein paar Fische oder Schmuckschildkröten pflegen. Nur zu, denn Tiere tragen maßgeblich zur Belebung des Teiches bei und sind darüber hinaus äußerst interessante Beobachtungsobjekte. Man sollte allerdings bei der Auswahl der Arten einiges beachten und für deren Haltung die richtigen Voraussetzungen schaffen.

Fische im Gartenteich

Verschiedene Fischarten, wie beispielsweise Goldschleien (*Tinca tinca*) und Goldfische (*Carassius gibelio forma auratus*) gründeln häufig im Teich. Hierbei wirbeln sie gewöhnlich immer etwas Mulm auf, der dann entweder längere Zeit im Wasser schwebt oder sich in feinfiedrigen Pflanzen verfängt. Um das zu verhindern, ist eine kräftige Filterung des Wassers unbedingt notwendig.
Darüber hinaus knabbern die Goldfische gelegentlich auch die jungen Triebe von zarten Wasserpflanzen an. Das Schwimmende Laichkraut (*Potamogeton natans*), die Krebsschere sowie See- und Teichrosen scheinen ihnen allerdings nicht zu schmecken, denn diese Pflanzen werden nie von den Goldfischen behelligt. Graskarpfen (*Ctenopharyngodon idella*) sind hingegen nicht solche „Feinschmecker“, sondern fressen so ziemlich jede Was-

Schildkröten verhalten sich im Wasser nicht gerade rücksichtsvoll, wenn sie mit ihren kräftigen Schwimmbewegungen herumpaddeln …

serpflanze. Selbst in größeren Gartenteichen wird von ihnen binnen kurzer Zeit der gesamte Pflanzenbestand vertilgt. Aus diesem Grund sollte man besser auf Graskarpfen verzichten, zumal genügend andere interessante Fische existieren, wie beispielsweise Sonnenbarsche (*Lepomis gibbosus*), Forellenbarsche (*Micropterus salmoides*) oder die Goldorfen (*Leuciscus idus*), die sich wesentlich besser für die Pflege im Gartenteich eignen.

... und können schnell zarte Pflanzen, wie beispielsweise Armleuchteralgen, umknicken oder herausreißen.

Schmuckschildkröten

Junge Schmuckschildkröten fressen ausschließlich tierische Nahrungsbestandteile. Je älter sie werden, desto häufiger nehmen einige Arten aber auch pflanzliche Nahrungsbestandteile auf. Werden sie jedoch ausreichend gefüttert, verschwinden zumeist nur noch unbedeutende Mengen an Wasserpflanzen in ihren Mäulern. Trotzdem ist es nicht ratsam, zarte, leicht zerbrechliche Wasserpflanzen, wie etwa Armleuchteralgen, in einem Schmuckschildkröten-Teich zu kultivieren. Die Schildkröten verhalten sich nämlich unter Wasser nicht gerade rücksichtsvoll, wenn sie mit ihren kräftigen Schwimmbewegungen herumpaddeln. Vielmehr wird auch schon einmal die eine oder andere zarte Pflanze umgeknickt oder mitsamt ihren Wurzeln aus dem Teichgrund gerissen.

Wenn Schnecken zur Plage werden

In Miniteichen kann es schnell passieren, dass Wasserschnecken zu einer regelrechten Plage werden, weil sie sich rasant vermehrt haben. Anfangs waren sie ja meistens noch recht „brav" und ernährten sich fast ausschließlich von abgestorbenen und halb zersetzten organischen Materialien. Sind diese aufgezehrt, müssen aber oftmals die Pflanzen dran glauben, in deren Blätter die Schnecken dann Löcher fressen. Um sich nun dieser Plagegeister zu entledigen, gibt es verschiedene Methoden. Dabei ist das Heraussammeln per Hand nicht nur die mühsamste, sondern bringt auch fast nie den gewünschten Erfolg, weil die Schnecken bereits Unmengen von Laich an den Pflanzen abgelegt haben. Daraus schlüpfen schon bald Jungtiere – und das Problem beginnt von neuem. Eine weitere Methode besteht darin, die Schnecken mittels chemischer Präparate zu bekämpfen, die im Fachhandel erhältlich sind. Umweltfreundlicher ist jedoch zweifelsfrei eine biologische Bekämpfungsmethode. Dazu benötigt man lediglich eine (oder mehrere) 20 bis 25 cm lange (Gold-)Schleie. Für

Schleien sind Schnecken ein absoluter Leckerbissen.

Wenn Algen zum Problem werden

Gegenwärtig existiert wohl kein Gewässer, in der sich nicht nach einiger Zeit wenigstens ein paar Vertreter der schätzungsweise 35.000 bis 40.000 Algen- und Blaualgen-Arten ansiedeln. Auch unsere Gartenteiche bilden da keine Ausnahme und beherbergen oftmals beachtliche Algen- und Blaualgen-Populationen, die den jeweiligen Besitzern leider oftmals viel Verdruss bereiten. Liebend gern würde man auf die unangenehm riechenden Blaualgen oder die braunen Kieselalgen, die fälschlicher Weise oft als Braunalgen bezeichnet werden, verzichten. Aber auch Grünalgen können sich zum Problem entwickeln, wenn sie als watteähnlicher Belag sämtliche im Teich befindlichen Pflanzen und Dekorationsmaterialien überziehen. Die ebenfalls lästigen Fadenalgen besitzen die unangenehme Eigenschaft, oftmals als regelrechte Gespinste in feinfiedrige Wasserpflanzen hineinwachsen. In solchen Situationen stellt sich gewöhnlich nur noch die Frage: „Wie bekämpft man die unerwünschten Algen am effektivsten?"

Der Tipp: Mit Strohextrakt gegen Algen

Eine ganz einfache und dennoch recht wirksame Methode, die zudem auch noch sehr preiswert ist, ist die Bekämpfung mit Strohextrakt. Zu diesem Zweck füllt man einen Plastikbeutel, in den zuvor mit einem Nagel reichlich kleine Löcher gestochen wurden, mit gut getrocknetem Gersten- oder Weizenstroh. Pro 100 Liter Teichwasser benötigt man etwa zwei bis drei Hände voll Stroh. Anschließend gibt man den Beutel in den Teich und lässt ihn dort etwa 14 Tage lang. In dieser Zeit treten aus dem Stroh Extraktionsstoffe aus, die für alle höher entwickelten Pflanzen und Fische völlig ungefährlich sind, jedoch von den Algen nicht vertragen werden. Gewöhnlich beginnen sie nach drei bis vier Tagen abzusterben. Dabei entsteht im Teich ein enormer Nährstoffüberschuss. Dieser wiederum stellt eine hervorragende Grundlage dafür dar, dass sich bereits nach kurzer Zeit erneut Algenpopulationen in dem Teich ansiedeln und explosionsartig vermehren. Um das zu vermeiden, muss der Nährstoffgehalt im Teich vermindert werden. Das geht am einfachsten, indem man über zwei bis drei Wochen hinweg sämtliches für den Garten erforderliche Gießwasser nur aus dem Teich entnimmt und gleichzeitig immer Frischwasser nachfließen lässt. Auf diese Weise wird auch verhindert, dass der Wasserspiegel des Teiches absinkt.

Mit Hilfe eines strohgefüllten Plastikbeutels, in den zuvor zahlreiche Löcher gestochen wurden, lassen sich auf einfache Weise viele Algen-Arten bekämpfen.

Vorschläge zur Gestaltung von Gartenteichen

Wenn man sich nun entschlossen hat, einen Gartenteich neu anzulegen oder einen bereits vorhandenen gründlich umzugestalten, so ist es immer sinnvoll, im Vorfeld erst einmal eine Skizze dazu anzufertigen. Neben den Standorten der einzelnen Pflanzenarten sollten in der Skizze selbstverständlich auch alle erforderlichen Dekorationsmaterialien und -bauten, wie beispielsweise Steine, Wurzeln und kleine Brücken, eingezeichnet werden. Anhand dieses Planes lässt sich dann auch recht genau ermitteln, welche Mengen der einzelnen Dekorationsmaterialien man noch beschaffen muss.
Nachfolgend werden einige Beispiele vorgestellt, wie man einen Gartenteich anlegen kann. Diese Beispiele sollen jedoch nicht nur als mögliche Vorbilder zur Teichgestaltung dienen, sondern darüber hinaus auch Ihre Phantasie anregen. Warum sollen denn die Gestaltungsvorschläge nicht noch durch Ihre Vorstellungen ergänzt oder erweitert werden? Vielleicht schwebt Ihnen sogar noch eine ganz andere Idee vor.
Nur zu – Ihrer Kreativität sollen dabei keinesfalls Grenzen gesetzt werden. Häufig sind es doch gerade diese kleinen, individuell gestalteten Besonderheiten, die viele Gartenteiche interessant machen und uns immer wieder aufs Neue faszinieren.

Eine kaskadenförmige Teichanlage

Eine kaskadenförmige Teichanlage sollte aus mindestens drei bis vier Einzelteichen bestehen. Die wichtigste Voraussetzung für dieses Teichensemble ist ein natürlich vorhandenes oder künstlich geschaffenes hängiges Gelände. Um zu gewährleisten, dass das Wasser immer munter durch die Anlage plätschert, muss es ständig wieder von dem untersten Teich in den obersten zurückgepumpt werden. Besonders effektvoll sieht das Ganze aus, wenn das zurückgepumpte Wasser dann zwischen ein paar großen Steinen am Rand des obersten Teiches hervorsprudelt.
Das Ufer des obersten Teiches sollte bevorzugt mit großwüchsigen Pflanzen bestückt werden, während sich für die tiefer gelegene Teiche eher mittelhohe und kleinwüchsige Arten anbieten. An einer so gestalteten Anlage können Betrachter auch noch vom unteren Hangende aus sämtliche Pflanzen gut sehen.
Um zu vermeiden, dass Schwimmpflanzen durch das fließende Wasser von den oberen in die unteren Teiche gespült werden, empfiehlt es sich, Steine so an die Abflussstellen zu legen, dass zwischen ihnen nur ganz kleine Spalten vorhanden sind. Diese Spalten kann das Wasser problemlos passieren, während die Schwimmpflanzen nicht hindurchpassen.

Schilf – nützlich und lebenswichtig

Zu den Pflanzen, die sich zur Ufergestaltung des obersten Teiches anbieten, gehören beispielsweise das Gemeine Schilf (*Phragmites australis*) oder der Wiesenknöterich.
Beim Schilf handelt es sich um eine äußerst konkurrenzstarke Staude, die dazu neigt, schnell dichte, großflächige Bestände zu bilden. Sie liebt es, mit ihren „Füßen“ direkt im Wasser zu stehen. Die Stängel des Schilfes, die am oberen Ende einen großen, rispenartigen Blütenstand tragen, erreichen oftmals Wuchshöhen von mehr als 2 m. Gemeinsam mit den im Boden kriechenden Grundachsen sorgen die mit Luft

Pflanzen für den Kaskadenteich

① *Schilf* ② *Wiesenknöterich* ③ *Pestwurz* ④ *Sumpffarn* ⑤ *Sibirische Schwertlilien* ⑥ *Iris fulva* ⑦ *Froschlöffel* ⑧ *Schwimmfarn* ⑨ *Schwimmendes Laichkraut* ⑩ *Weiße Seerosen* ⑪ *Pfennigkraut*

gefüllten Schilfstängel unter anderem dafür, dass die unzähligen Mikroorganismen Sauerstoff erhalten. Je besser deren Sauerstoffversorgung ist, desto schneller zersetzen sie das abgestorbene organische Material im Teich. Auch an frostigen Wintertagen ermöglichen die hohlen Schilfhalme einen regen Gasaustausch zwischen dem unter der Eisdecke befindlichen Wasser und der atmosphärischen Luft. Aus diesem Grund sollte man die Schilfhalme auch erst im Frühjahr und niemals im Herbst zurückschneiden.

Knöterich und Lilien

Wie es bereits der Name vermuten lässt, bevorzugt der Wiesenknöterich unter natürlichen Bedingungen vor allem feuchte Wiesen als Standort. Wiesenknöterich kann problemlos 20 bis 30 cm vom Wasser entfernt gepflanzt werden. Damit sich jedoch kräftige, bis zu 1 m hohe Pflanzen entwickeln, ist ein besonders nährstoffreiches Bodensubstrat erforderlich, das neben guter Humuserde und Torf mindestens 15 Prozent fetten Lehm enthalten sollte. Von Mai bis August schiebt der Wiesenknöterich seine attraktiven weißlichen bis rosafarbenen Blütenstände, die in ihrer Form an kleine dicke Walzen erinnern. Diese Farbenpracht wird jedoch noch von den blauvioletten Blüten der Sibirischen Schwertlilie sowie den roten Blüten der Iris fulva übertroffen. Beide Arten wollen entweder in staunassen Böden oder im Flachwasserbereich stehen. Damit sie regelmäßig viele Blüten treiben, dürfen sie – wie übrigens alle Wasserschwertlilien –nicht tiefer als 15 bis 25 cm in den Teich hineingesetzt sein. Zu tief gesetzte Exemplare bringen nämlich fast nur noch Laubblätter hervor. Übrigens passiert es sehr häufig, dass die Sibirische Schwertlilie mit der ihr sehr ähnlichen Bastard-Schwertlilie (*Iris spuria*) verwechselt wird. Der wesentlichste Unterschied besteht darin, dass bei der Bastard-Schwertlilie die nach unten hängenden Blütenblätter, auch Perigonblätter genannt, niemals eine braune Färbung beziehungsweise Äderung aufweisen.

Markantes und Unauffälliges

Die Gemeine Pestwurz gehört zu den zeitigen Blühern unter den Uferpflanzen. Bereits im März erscheinen ihre Blütenstände. Um ihre wahre Schönheit zu erkennen, sollten Sie diese ruhig einmal mit einer Lupe aus nächster Nähe betrachten. Gemeine Pestwurz bietet sich vor allem zur Bepflanzung sehr steiler Geländeabschnitte an, weil aus ihrem kräftigen Wurzelstock zahlreiche Ausläufer entspringen, die den Boden besonders gut festhalten und somit die Gefahr kleiner Erdrutsche minimieren.

Die Blütenstände des Gemeinen Froschlöffels wirken ein wenig unscheinbar, sodass sie schon fast einer „Grünpflanze“ ähneln. Befindet sich der Froschlöffel ausreichend tief im Wasser, bildet er neben seinen löffelförmigen, aus dem Wasser ragenden Blättern auch bandförmige, flutende Schwimmblätter aus. Dagegen möchte der Sumpffarn, bei dessen

Die aus Nordamerika stammende Iris fulva bestich durch ihre herrlichen roten Blüten.

Die Gemeine Pestwurz gehört zu den Frühlingsblühern am Gartenteich. Mit ihren Wurzeln verleiht sie zudem rutschgefährdeten Uferabschnitten viel Stabilität.

Der Sumpffarn bringt einen Hauch von „Wald“ an den Gartenteich.

Anblick viele Menschen sofort an einen Wald denken, möglichst nicht direkt im Wasser, sondern nur im feuchten Boden stehen. Er wirkt übrigens besonders dekorativ, wenn sich in seiner Nähe auch noch ein paar bemooste Steine oder urige Wurzeln befinden.

Pfennigkraut: zäh und üppig

Das Pfennigkraut gehört nicht nur zu den anspruchslosesten und zugleich auch konkurrenzstärksten Pflanzen des Gartenteichs. Auf den ersten Blick traut man dieser kleinen Pflanze gar nicht zu, dass sie sogar in der Lage ist, sich unter natürlichen Bedingungen dauerhaft in dichten Rohrkolbenbeständen zu behaupten. Sie gedeiht sowohl an Land als auch unter Wasser. Als kriechende Landform bildet das Pfennigkraut üppige Polster, unter denen sich beispielsweise kleine betonierte Uferabschnitte ideal verstecken lassen. Sobald das Pfennigkraut dann das Wasser erreicht, beginnt es flutende Sprosse auszubilden. Neben der ursprünglichen Form, die grasgrüne Laubblätter besitzt, wurde auch noch eine Variante mit goldgelbem Laub herausgezüchtet. Diese wächst nicht so kräftig wie die Stammform und eignet sich deshalb auch gut zur Bepflanzung kleinerer Teiche.

Beim Gemeinen Schwimmfarn handelt es sich um eine einjährige Pflanze, die zu starker Verzweigung und schnellem Wachstum neigt. Deshalb muss ihr Bestand von Zeit zu Zeit ausgedünnt werden.

Immer obenauf

Beim Gemeinen Schwimmfarn handelt es sich um eine einjährige Pflanze, die zu starker Verzweigung und schnellem Wachstum neigt. Im Herbst sterben die Pflanzen ab und ihre an der Blattunterseite befindlichen Makrosporen sinken zum Gewässergrund. Dort überdauern sie die kalten Wintermonate. Im Frühjahr beginnen sie zu keimen und steigen anschließend zur Wasseroberfläche empor, um die nächste Schwimmfarngeneration zu bilden.

Das Schwimmende Laichkraut gehört zu den sehr wuchsfreudigen Arten. Aus dem im Teichboden kriechenden Wurzelstock entspringen die bis zu 1 m langen Stängel, an deren oberen Enden sich eilanzettförmige Schwimmblätter befinden. Im Gegensatz dazu weisen die untergetauchten Blätter dieser Pflanze eine stielrunde Form auf. Von Mai bis August schiebt das Schwimmende Laichkraut seine grünen, ährenartigen Blütenstände über die Wasseroberfläche hinaus.

Nicht zuletzt bereichern auch die herrlichen Blüten der Weißen Seerose, die einen Durchmesser von bis zu 12 cm, in Ausnahmefällen sogar bis zu 15 cm erreichen, ganz zweifelsfrei jeden Gartenteich. Die Blütezeit dieser Pflanze beginnt im Juni und dauert bis in den September hinein. Wie bei fast allen Seerosen-Sorten öffnen sich die Blüten der Weißen Seerose nur an sonnigen Tagen und bleiben bei trübem, regnerischem Wetter geschlossen.

Zur Bepflanzung eines Teiches mit Bachlauf und Quelle eignen sich:

① Sal-Weidengestrüpp ② Wellenblättriges Spatenmoos ③ Sumpfdotterblumen ④ Bachnelkenwurz ⑤ Kuckuckslichtnelken ⑥ Schmalblättriger Rohrkolben ⑦ Kamtschatka-Scheinkallas ⑧ Krebsscheren ⑨ Goldgilbweiderich ⑩ Teichrosen ⑪ Sumpffarn ⑫ Weiches Hornkraut

Ein Teich mit Bachlauf und Quelle

Ähnlich wie die Kaskadenteichanlage stellt auch ein Teich mit Bachlauf und Quelle eine nicht ganz alltägliche Gestaltungsvariante dar. Damit das Wasser im Bachlauf auch ordentlich fließt, sollte das Bachbett zumindest ein geringes Gefälle aufweisen. Im Bachbett platzierte Steine, die aus dem Wasser herausragen, sorgen für kleine Wirbel und Turbulenzen. Dadurch wird das Wasser noch zusätzlich mit Sauerstoff angereichert. Durch eine Pumpe, die zusammen mit einer Rohrleitung einen geschlossenen Kreislauf bildet, gelangt das Wasser des Teiches zur künstlich geschaffenen Quelle zurück.

Den direkten Quellaustrittsbereich gestaltet man am besten mit sehr großen Steinen und Totholzstücken. Zu seiner Bepflanzung eignet sich beispielsweise ein dichtes Gestrüpp aus Salweiden (*Salix caprea*). Im Verlauf der Jahre ist ein kontinuierlicher Rückschnitt der Weiden erforderlich, damit es nicht übermäßig wuchert und sich nicht eines Tages ganze Weidenbäume daraus entwickeln.

Pflanzen für den Quellbereich

Auf den Steinen des Quellbereichs, die das Wasser ständig überrieselt, kann man Wellenblättriges Spatenmoos (*Scapania undulata*) platzieren. Dieses dichte, an winzige Korallenstöcke erinnernde Moos hat eine dunkelgrüne, bräunliche oder seltener schwärzliche Färbung und kommt in der Natur vor allem in sauberen

Bächen kalkarmer Gebiete vor. Es ist in der Lage, sowohl im Wasser als auch außerhalb auf feuchten Böden, Steinen oder Holz zu gedeihen. Da die Pflanze normalerweise nicht im Fachhandel erhältlich ist, muss man ein kleines Büschel davon aus der Natur entnehmen. Hierbei sucht man am besten einen Stein, auf dem sich das Moos bereits mittels seiner Rhizoide, das sind winzige wurzelähnliche Gebilde, fest verankert hat. Diesen fügt man zu Hause zwischen die anderen Steine an der Quelle ein. Das Moos benötigt dadurch wesentlich weniger Zeit, um sich an die neuen Umweltbedingungen des Gartenteichs zu gewöhnen.

Sumpfdotterblumen gehören zu den „Klassikern" unter den Teichpflanzen und bieten sich gut zur Bepflanzung eines nachgestalteten Bachlaufes an.

Das Wellenblättrige Spatenmoos lässt sich – auf einem Stein haftend – gut in einem Quellbereich platzieren, wo es ständig vom Wasser überrieselt wird.

Auch der Sumpffarn mit seinen herrlichen Blattwedeln bietet sich zur Ausgestaltung der quellnahen Flächen an.

Das Bachufer

Der Quellbereich geht nahtlos in den Bachlauf über. Zumeist wird die Breite des Baches nicht mehr als 50 bis 70 cm betragen. Damit er nicht gänzlich unter üppigem Grün verschwindet, ist es nicht nur zweckmäßig, sondern entspricht darüber hinaus auch vielen natürlichen Vorbildern, wenn an seinen Ufern verhältnismäßig kleinwüchsige Pflanzen stehen. Zu den typischen Pflanzen an Bachläufen gehört die Sumpfdotterblume (*Caltha palustris*). Sie liebt nährstoffreiche Böden und es ist deshalb ratsam, dem üblichen Bodensubstrat noch etwas fetten Lehm beizumischen. Sumpfdotterblumen werden möglichst in dichten Gruppen angepflanzt, die aus drei bis fünf Exemplaren bestehen. Falls einzelne Pflanzen das Bestreben haben, ins Wasser hineinzuwachsen, sollte man das nicht unterbinden.
Weitere geeignete Arten zur Bepflanzung des Bachufers sind die Kuckuckslichtnelke (*Lychnis floscuculi*) und der Bachnelkenwurz (*Geum riva-*

le). Diese verhältnismäßig grazil wirkenden, hochstängeligen Pflanzen stellen einen guten Kontrast zu den dichten Sumpfdotterblumen-Büscheln dar. Außerdem blüht es dann am Bach von April bis August. Zuerst erscheinen die sattgelben Blüten der Sumpfdotterblume, die manchmal bis in den Juni zu bewundern sind. Danach setzt bereits die Blütezeit der Kuckuckslichtnelken und des Bachnelkenwurzes ein.

Das Teichufer

Der Bach mündet schließlich in den Teich, an dessen Steiluferseite man vielleicht Schmalblättrigen Rohrkolben (Typha angustifolia) ins Wasser pflanzt. Dabei sollte man berücksichtigen, dass diese Rohrkolben-Art sehr stark wächst, und überlegen, ob vielleicht die Pflanzung in einem großen Gefäß, beispielsweise einem Mörtelfass, sinnvoll ist.
Für die andere Uferseite bietet sich ein dichter, jedoch nicht zu großflächiger Goldgilbweiderich-Bestand an, der bis zu einen Meter hoch werden kann. Ähnlich wie die Sumpfdotterblumen bringt auch diese Pflanze reichlich sattgelbe Blüten hervor, die von Juni bis Ende August erscheinen.

Die aus den gemäßigten Breiten Asiens stammende Kamtschatka-Scheinkalla (*Lysichiton camtschatcaensis*) benötigt für eine optimale Entwicklung einen halbschattigen Standort sowie ein sehr nährstoffreiches Bodensubstrat. Sie mag es, wenn sie mit ihren „Füßen" ständig im Wasser steht. Allerdings darf man diese Pflanze nicht tiefer als 20 cm ins Wasser pflanzen, sonst entwickelt sie zwar reichlich Laub aber kaum Blüten. Die Blütenstände der Kamtschatka-Scheinkalla sind von sehr großen weißen Hochblättern umhüllt und erscheinen bereits Ende März. Auf diese Weise sorgt die Pflanze häufig für die ersten Farbkleckse in der noch winterlich grau anmutenden Teichlandschaft.

Die Kamtschtka-Scheinkalla gehört zu den ganz zeitigen Blühern am Gartenteich. Sie mag es, wenn sie mit den „Füßen" im Wasser steht.

Die freie Wasserfläche

Die entweder zur Hälfte untergetauchte oder frei auf der Wasseroberfläche schwimmende Krebsschere liebt die Gemeinschaft mit ihresgleichen. Sagen ihr die Standortbedingungen zu, vermehrt sie sich stark durch Ausläufer. Im Herbst sinken sämtliche Krebsscheren zum Grund des Teiches, überdauern dort den Winter und steigen im kommenden Frühjahr erneut zur Wasseroberfläche auf. Damit dieser Zyklus problemlos ablaufen kann, muss der Teich unbedingt eine Mindesttiefe von 1 m aufweisen. Ist das nicht der Fall, sollte man lieber auf eine Kultivierung der Krebsschere verzichten.
Die gelb blühende Teichrose, auch Mummel genannt, erhält als Teichpflanze leider nur recht selten eine Chance. Statt dessen wird oft eine Seerose angepflanzt, mit deren Blütenpracht die Teichrose, das muss man ehrlich zu-

geben, nicht konkurrieren kann. Vielen Gartenteichbesitzern ist jedoch nicht bekannt, dass Mummeln eine wasserklärende Wirkung besitzen und auch noch im Halb- und Vollschatten gut gedeihen. Wenn das keine guten Gründe sind, sie ebenfalls zu pflegen! Dabei braucht auch niemand gänzlich auf seine Seerosen, die ihm möglicherweise besonders ans Herz gewachsen sind, zu verzichten. Beide Arten lassen sich problemlos in einem gemeinsamen Bestand pflegen.

Geeignete Pflanzen für einen großen Teich sind:

① Sumpfzypresse ② Schildblatt ③ Breitblättriger Rohrkolben ④ Kalmus ⑤ Blutweiderich ⑥ Europäische Sumpfschwertlilien ⑦ Dreimasterblumen ⑧ Hängeseggen ⑨ Wasserminze ⑩ Gauklerblumen ⑪ verschiedene Seerosen-Sorten ⑫ Tannenwedel ⑬ Fieberklee

Der Unterwasserbereich

Beim Harten Hornkraut (*Ceratophyllum demersum*) handelt es sich um eine ständig untergetauchte Schwimmpflanze, die keine Wurzeln ausbildet. Diese Pflanze entzieht dem Wasser täglich große Mengen an Nährstoffen. Erhält Hornkraut genügend Licht, beginnt es kräftig zu wuchern und muss regelmäßig ausgedünnt werden. Im Herbst zerfallen die Hornkrautstängel. Zuvor haben sie jedoch noch stärkereiche Endknospen, also mehr oder weniger kugelige bis eiförmige Gebilde, hervorgebracht, die aus dicht zusammengedrängten Blättern bestehen. Diese sinken zum Teichgrund und verbringen dort den Winter, um im folgenden Frühjahr als Basisbestand für die nächste Hornkrautgeneration zu fungieren.

Ein großflächiger Teich

Großflächige Teiche müssen mindestens eine Wasseroberfläche von 15 Quadratmetern aufweisen. Sie können gut mit Pflanzenarten bestückt werden, die sich aufgrund ihrer wuchtigen Gesamterscheinung oder ihrer Wuchshöhe für Teiche mit kleinen Oberflächen nur bedingt oder überhaupt nicht eignen. Eine solche Pflanze ist die in Mittel- und

Nordamerika heimische Sumpfzypresse (*Taxodium distichum*). Im Gegensatz zu vielen anderen Koniferen-Arten, die es überhaupt nicht mögen, wenn sie ständig mit ihren Wurzel in staunassen Böden oder sogar direkt im Wasser stehen, fühlt sich die Sumpfzypresse genau unter solchen Bedingungen sehr wohl. Leider gehört die Sumpfzypresse zu den Pflanzen, die der Fachhandel nur sehr selten anbietet. Deshalb sollte man ruhig einmal in einem Botanischen Garten nachfragen, ob dieser vielleicht einige Jungpflanzen abgibt. Hat man auch dort kein Glück, besteht immer noch die Möglichkeit, sich von einem Amerikaurlaub ein solches Exemplar mitzubringen beziehungsweise von Bekannten mitbringen zu lassen. Unter natürlichen Bedingungen kann die Sumpfzypresse bis zu 50 m hoch werden. Von dieser Zahl sollte man sich nicht zu sehr beeindrucken lassen, denn es dauert bereits viele Jahre bis eine 20 bis 30 cm messende Jungpflanze zu einem 3 bis 4 m hohen Baum heranwächst. Anfangs muss man die kleinen Sumpfzypressen mitunter sogar davor schützen, dass sie nicht von anderen Pflanzen zugewuchert werden.

Die Sumpfzypresse bietet sich als Nadelgehölz für größere Gartenteichanlagen an.

Prächtiges Blattwerk: das Schildblatt

Eine weitere sehr beeindruckende Pflanze ist das in den Rocky Mountains weit verbreitete Schildblatt (*Darmera peltata*), das dort die Ufer der unterschiedlichsten Gewässer besiedelt. Ihren deutschen Namen erhielt diese Staude aufgrund der großen, runden Laubblätter, die ein wenig an antike Schilde erinnern. Das Schildblatt ist ein Frühjahrsblüher, dessen weiß bis weinrote Trugdolden von März bis April zu bewundern sind. Die Pflanze benötigt ein humusreiches, tiefgründiges Bodensubstrat, dass ständig feucht sein muss. Darüber hinaus wirkt sich eine jährliche Düngung mit Pferde- oder Rindermist besonders positiv auf die Blühfreudigkeit und das Wachstum von älteren Exemplaren aus. Den Dung muss man dabei so um die Pflanze herum verteilen, dass er auch durch starke Regenfälle nicht in den Teich gespült werden kann. Obwohl das Schildblatt völlig winterhart ist, empfiehlt es sich trotzdem, den Standort im Spätherbst mit grober Komposterde oder Laub abzudecken. So gepflegt, erscheint die Pflanze im folgenden Frühjahr besonders zeitig.

Giganten am Gartenteich

Mit einer Wuchshöhe von bis zu 2,5 m gehört auch der Breitblättrige Rohrkolben (*Typha latifolia*) zu den Giganten am Gartenteich und eignet sich vor allem zur Bepflanzung des Hintergrunds. Zu diesem Zweck kann die Pflanze bis zu 1,5 m tief ins Wasser gesetzt werden. Wie die meisten Rohrkolbenvertreter neigt auch diese Art dazu, dichte Bestände zu bilden. Ab Ende Juli bis Anfang August nehmen die anfangs noch grünlichen, kolbenartigen Blütenstände, denen diese Pflanzengruppe ihren

Mit seinen leuchtend pinkfarbenen Blüten bildet der Blutweiderich einen schönen Kontrast zu braunen Rohrkolben.

deiht sowohl in der Vollsonne als auch an einem halbschattigen Standort sehr gut. Von Mai bis August schiebt sie reichlich Blüten. Je nach Sorte können diese intensiv blau, rein weiß oder rosafarben sein. Verwelkte Blüten sollte man bei der Dreimasterblume immer abschneiden. Die Pflanze dankt es mit zahlreichen neuen Blüten.

Nützlich und schön

Obwohl nicht näher miteinander verwandt, erinnert Kalmus (*Acorus calamus*) in seiner Gesamterscheinung ein wenig an die Rohrkolben-Gewächse. Da Kalmus jedoch häufig nur 60 bis 100 cm hoch wird, eignet er sich gut zur Bepflanzung der seitlichen Teichränder. Er gehört zu den Pflanzen, die eine stark wasserreinigende und desinfizierende Wirkung besitzen. Seine grünlichen Blüten, die sich auf einem Kolben anordnen, sind sehr unscheinbar und tragen nicht gerade dazu bei, dass der Teich bunter aussieht. Aus diesem Grund ist es günstig, wenn in unmittelbarer Nachbarschaft zum Kalmus eine intensiv blühende Pflanze, wie beispielsweise die Europäische Sumpfschwertlilie (*Iris pseudacorus*) steht. Ihre zumeist gelben, seltener weißen Blütenblätter, die in der Mitte eine dunkelbraune Äderung aufweisen, erkennt man schon von weitem.

Namen verdankt, eine kräftige braune Färbung an. Die leuchtend pinkfarbenen Blüten des Blutweiderichs (*Lythrum salicaria*) bilden einen schönen Kontrast zu den dicken braunen Rohrkolben. In milden Lagen dauert die Blütezeit des Blutweiderichs von April bis September. Die bis zu 50 cm hoch werdende Dreimasterblume (*Tradescantia virginiana*) benötigt zwar ständig einen feuchten Boden, möchte aber trotzdem nicht direkt im Wasser stehen. Sie ge-

Die verwelkte Blüten sollten bei der Dreimasterblume ständig abgeschnitten werden. Die Pflanze bedankt sich dafür mit zahlreichen neuen Blüten.

Übrigens, je stärker der Standort dieser Schwertlilien-Art der Sonne exponiert ist, desto intensiver sind normalerweise auch ihre Blüten gefärbt. Neben die Sumpfschwertlilie kann man, möglichst im Halbschatten, eine Hängesegge (*Carex pendula*) platzieren, die zu den imposantesten Riedgrasgewächsen Europas gehört. Von Mai bis Juni erscheinen ihre bis zu 50 cm langen Blütenstände.
An ihnen befinden sich jeweils bis zu sechs hängende Ähren, von denen die weiblichen bis zu 15 cm lang werden, während die männlichen nur eine Größe von 8 cm erreichen. Es ist immer wieder ein schöner Anblick, wenn sich die Blütenstände sanft im Wind wiegen.

Weitere Kostbarkeiten

Das vordere Teichufer lässt sich gut mit Wasserminze (*Mentha aquatica*) und Gauklerblumen (*Mimulus guttatus*), von denen es verschieden gefärbte Zuchtformen gibt, gestalten. Während die aufgrund ihrer ätherischen Öle stark duftende Wasserminze sehr gern im Flachwasserbereich steht, fühlen sich die Gauklerblumen am Ufer ausgesprochen wohl.

Eine Pflanze, die ebenfalls die Flachwasserregion als Standort bevorzugt, ist der Fieberklee (*Menyanthes trifoliata*). Er entwickelt seine Blütenknospen zunächst unter Wasser. Zur Blütezeit, die sich von Juni bis August erstreckt, erheben sich diese über den Wasserspiegel und öffnen sich nur bei Sonnenschein für kurze Zeit.
Der Gemeine Tannenwedel präsentiert sich als eine vielseitig verwendbare Teichpflanze. Er ist in der Lage, sowohl an Land als auch im Wasser zu gedeihen, wobei diese Pflanze an fast jedem Standort zu üppigem Wachstum neigt. Im Wasser stehende Exemplare, die bis zu 3 m lang werden können, schieben nur die letzten Teile ihrer Stängel bis zu 35 cm über die Oberfläche hinaus. Diesen Stängelenden, die wie kleine Tannenbäumchen aussehen, verdankt die Pflanze ihren deutschen Namen. Die unter der Oberfläche befindlichen Teile des Tannenwedels bleiben auch im Winter grün. Darüber hinaus sind sie an sonnigen Wintertagen sogar noch unter einer dünnen Eisdecke in der Lage, sehr viel Sauerstoff an das Teichwasser abzugeben.

Fieberklee ist eine äußerst attraktiv blühende Pflanze für Flachwasserbereiche.

Unverzichtbar: Seerosen

Ein großer Teich bietet auch genügend Platz zur Pflege einer oder gar mehrerer Seerosen-Sorten. Bei der Vielzahl der angeboten Sorten, die sich in Form, Farbe und Blütengröße voneinander unterscheiden, hat man dann leider oft die Qual der Wahl. Sollen es nun die „Texas Dawn“ mit ihren leuchtend gelben Blüten, die weinrote „Attraction“, die großblütige „Nigel“, die seit langem bekannte „Moorei“ oder vielleicht doch ein paar gänzlich andere Sorte sein? Am besten ist es sicherlich, wenn das jeder nach seinem individuellen Geschmack entscheidet.

Ein Miniteich

In vielen Gärten wird nicht genügend Fläche verfügbar sein, um darin einen großen Teich anzulegen. Das ist aber noch lange kein Grund, gänzlich auf einen Gartenteich zu verzichten. Zum Anlegen eines Miniteichs, dessen Wasseroberfläche nicht einmal einen Quadratmeter groß sein muss, findet sich sicherlich in jedem Garten eine geeignete Stelle. Später wird man vielleicht sogar darüber erstaunt sein, wie viele Gäste sich an dem Teich einfinden. Singvögel nutzen ihn als Tränke und Bademöglichkeit. Igel kommen im Schutz der Dämmerung ebenfalls gern hierher, um ihren Durst zu stillen. Und im Frühjahr dient der Teich den Erdkröten, die während der warmen Jahreszeit viele lästige Insekten und Schnecken in unseren Gärten vertilgen, als Laichgewässer. Verständlicherweise wird man für die Gestaltung eines Miniteichs nicht unbedingt hochwüchsige beziehungsweise sehr voluminös aussehende Pflanzen auswählen, sondern kleinere, grazil wirkende Arten verwenden.

Klein aber Oho!

Zur Gestaltung des Hintergrunds eignen sich kleine Rohrkolben-Arten und

Die Amerikanische Sumpfschwertlilie gehört zu den schönsten Gartenteichpflanzen.

Sumpfschwertlilien. Ein sehr schöne Art, von der inzwischen auch reichlich Zuchtformen existieren, ist die aus dem östlichen Nordamerika stammende Amerikanische Sumpfschwertlilie (*Iris versicolor*), welche unter natürlichen Bedingungen zumeist in verschiedenen Violetttönen blüht. Falls man diese Art am Ufer gepflanzt hat, kann sie im Spätherbst mit ein wenig verrottendem Stallmist gedüngt werden. Als Rohrkolbengewächse bieten sich für Miniteiche der Zwergrohrkolben (*Typha minima*) oder als Alternative auch der Zierliche Rohrkolben (*Typha gracilis*) an. Das wichtigste Unterscheidungsmerkmal zwischen diesen Pflanzen besteht darin, dass

Ganz klar, ein Miniteich verlangt vor allem kleinwüchsigere Pflanzen, wie etwa:

① Zwergseerosen der Sorte ‚Helvola' ② Zwergrohrkolben ③ Amerikanische Sumpfschwertlilien ④ Pillenfarn ⑤ Sumpfblutauge

der Zwergrohrkolben im Gegensatz zum Zierliche Rohrkolben unbeblätterte Stängel besitzt. Beide Arten erreichen eine Höhe von nur 30 bis 75 cm und wuchern bei weitem nicht so stark wie ihre großwüchsigen Verwandten. Trotzdem sind auch sie in der Lage, schwachwüchsige Pflanzen im Lauf der Zeit zu überflügeln. Das passiert jedoch nur, wenn man es versäumt hat, ihre Bestände gelegentlich etwas auszudünnen.

Pillenfarn, der mit seiner Erscheinung an junges Gras oder Schnittlauch erinnert, erhielt seinen Namen aufgrund der kugelförmigen Sporenbehälter, die sich an der Basis seiner Blätter befinden.

Pygmäen und Minifarne

Eine hervorragend für Miniteiche geeignete Seerosen-Sorte ist die *Nymphaea pygmaea* 'Helvola', die gewöhnlich nur 'Helvola' genannt wird. Bereits 1893 herausgezüchtet, gehört diese enorm blühfreudige Sorte zu den ältesten der Welt. Ihr genügt schon eine Wassertiefe von 15 bis 25 cm, um ordentlich zu gedeihen und die cremegelben Blüten zu schieben, deren Durchmesser bis zu 6 cm beträgt. Die Blüten stellen einen herrlichen Kontrast zu den olivgrünen Laubblättern dar.

Bei der 'Helvola' handelt es sich um eine sehr alte, äußerst blühfreudige Seerosen-Sorte.

Da der mit zahlreichen Wurzeln ausgestattete Pillenfarn entweder in staunassen Böden oder direkt im Wasser stehen will, eignet er sich sowohl zur Bepflanzung feuchter Uferregionen als auch von Flachwasserbereichen. Aus seinen am Boden kriechenden Stängeln entspringen die stielrunden, binsenähnlichen Blätter, die im Jugendstadium noch schneckenartig eingerollt sind. Je nach Standort und Nährstoffgehalt des Bodens können sie Längen von 4 bis 30 cm erreichen.
Seinen Namen erhielt der Pillenfarn aufgrund der kugelförmigen Sporenbehälter,

die sich an der Basis der Blätter befinden. Anfangs sind diese Sporenbehälter noch grün bis gelblichgrün, um sich bis zur Sporenreife (Juli bis September) schwarzbraun zu verfärben.
Bei der Pflege am Gartenteich gilt es zu beachten, dass der Pillenfarn kein stark kalkhaltiges Bodensubstrat mag, sondern ein schwach saures Milieu bevorzugt. Ist Letzteres vorhanden, entwickelt er sich oftmals zu einem geschlossenen, rasenähnlichen Bestand.

Augenweide im Herbst

Auch das Sumpfblutauge eignet sich nahezu ideal für die Bepflanzung des Übergangsbereichs zwischen Wasser und Land sowie von Flachwasserzonen. Leider gehört es bisher noch nicht zu den „Rennern" unter den Gartenteichpflanzen. Das ist eigentlich schade, denn diese Pflanze bringt nicht nur sehr schöne weinrote Blüten, sondern auch noch ein herrlich anzusehendes blutrotes Herbstlaub hervor. Sie besitzt einen kriechenden, stark verholzenden Wurzelstock, der bis zu 1 m lang werden kann und sich in einem weichen, schlammigen bis morastigen Bodensubstrat besonders wohl fühlt, weil er sich hier am leichtesten weiter ausbreiten kann. Genau wie der Pillenfarn benötigt auch das Sumpfblutauge ein schwach saures Bodensubstrat.
Bei annähernd optimalen Standortbedingungen entwickelt auch diese gegenüber anderen Pflanzen recht konkurrenzschwache Art schnell dichte Bestände, die man – vor allem an kleinen Teichen – von Zeit zu Zeit auslichten muss.

Ein nur mit amerikanischen Pflanzen gestalteter Teich

Mancher Gartenbesitzer findet es besonders schön, wenn er seinen Teich nur mit Pflanzen einer bestimmten geografischen Region gestalten kann. So bieten sich für einen „Amerikanischen Teich" vor allem Arten an, die in Nordamerika beheimatet sind. Die dortigen klimatischen Verhältnisse ähneln weitestgehend denen Mitteleuropas und deshalb sind diese Pflanzen verhältnismäßig leicht am Gartenteich zu pflegen.

Gäste aus Amerika

Zur Gestaltung des Hintergrunds eignen sich das Schildblatt sowie Schilf. Letzteres ist nicht nur in Europa, sondern weltweit verbreitet und zählt deshalb zu den so genannten Kosmopoliten. Eine weitere typische Pflanze ist die Amerikanische Scheinkalla (*Lysichiton americanum*), die sehr der Kamtschatka-Scheinkalla ähnelt. Der wesentlichste Unterschied zwischen beiden Arten besteht

Eine herrlich anzusehende Blütendolde des Schildblattes.

darin, dass das Hochblatt der Amerikanischen Scheinkalla schwefelgelb ist, während die Kamtschatka-Scheinkalla ein rein weißes hat.
Da sowohl das Schildblatt als auch die Amerikanische Scheinkalla zu den Frühjahrsblühern zählen, sind selbstverständlich auch noch andere Pflanzen notwendig, die während der Sommermonate für genügend Farbenpracht am Gartenteich sorgen. Hierzu bietet sich unter anderem wieder die Schwertlilien-Art *Iris fulva* mit ihren attraktiven roten Blüten an. Die Blütezeit dieser bis zu 90 cm hoch werdenden Staude erstreckt sich über den gesamten Juni. Bei der Pflege von Iris fulva gilt es zu beachten, dass sie nicht völlig winterhart ist. Deshalb sollte ihr im Erdreich befindlicher Wurzelstock im Spätherbst stets mit einer dicken Schicht aus Nadelreisig und trockenem Laub oder Stroh bedeckt werden. Auch die blauen Blüten der Dickstieligen Wasserhyazinthe sowie des Herzförmigen Hechtkrauts (*Pontederia cordata*) bereichern maßgeblich die sommerliche Farbenpracht des Teiches. Beide Arten gehören übrigens zur Familie der *Pontederia*-Gewächse.
Von den Hechtkraut-Gewächsen ist das Herzförmige am robustesten. Seinen Namen erhielt es aufgrund der herzförmigen Laubblätter, die von langen Stängeln getragen werden. Das Herzförmige Hechtkraut liebt sonnenexponierte Standorte und kann bis zu 30 cm tief im Wasser stehen. Dann zeigt es von Juni bis September seine Blüten, die in Scheinähren zusammenstehen.
Trotz aller Robustheit sollten am Ufer stehende Hechtkraut-Pflanzen im Spätherbst auch einen Frostschutz aus Laub und Stroh erhalten, wobei dieser jedoch nicht so umfangreich wie bei Iris fulva zu sein braucht.

Typische Pflanzen für die Gestaltung eines „Amerikanischen Teiches" sind:

① ***Iris fulva*** **②** ***Schilf*** **③** ***Schildblatt*** **④** ***Nordamerikanische Scheinkalla*** **⑤** ***Wasserhyazinthen*** **⑥** ***Hechtkraut*** **⑦** ***Kanadische Wasserpest*** **⑧** ***Sumpfblumen*** **⑨** ***Molchschwanz*** **⑩** ***Carolina-Moosfarn,*** **⑪** ***Morgensternsegge***

Verschleppte Plagegeister und bizzarre Schönheit

Die ursprüngliche Heimat der Dickstieligen Wasserhyazinthe ist Brasilien. Von dort wurde sie durch den Menschen in die unterschiedlichen Regionen der Erde verschleppt und konnte sich vielerorts so rasant vermehren, dass sie zur regelrechten Plage wurde. Die Dickstielige Wasserhyazinthe lässt man frei auf dem Teich schwimmen. Sobald im Herbst die Nachttemperaturen auf 7 bis 9 °C sinken, sollte man die Pflanze in einem hellen, frostfreien Raum unterbringen und dort überwintern.

Die Samenstände der Morgensternsegge sind eine Klasse für sich und ganz zweifelsfrei eine Bereicherung für jede Teichlandschaft.

Wer einmal die Samenstände der Morgensternsegge (*Carex gray*) in natura gesehen hat, kann nur allzu gut verstehen, dass sie zu den schönsten Vertreterinnen ihrer Gattung zählt. Der deutsche Name leitet sich von der Form dieser Samenstände ab, die tatsächlich sehr an die als Morgensterne bezeichneten mittelalterlichen Streitkolben erinnern. Man pflanzt die bis zu 70 cm hoch werdende Staude ans Ufer, wo sie bereits nach wenigen Jahren dichte horstartige Bestände bildet. Im Unterschied zu vielen anderen Seggen-Arten fühlt sich die Morgensternsegge auch an sonnigen Standorten sehr wohl.

Unverwüstlich und blühstark

Der Amerikanische Molchschwanz (*Saururus cernuus*) erfreut sich nicht nur bei Gartenteichbesitzern, sondern auch bei Aquarianern einer großen Beliebtheit, weil er in der Lage ist, als reine Wasserpflanze zu gedeihen. Am Gartenteich gehört er in die Kategorie der „unverwüstlichen Pflanzen". Nicht rechtzeitig zurückgeschnitten oder in einem Kübel gesetzt, kann der Molchschwanz aufgrund seines kriechenden, bis zu 5 m lang werdenden, sich stark verzweigenden Wurzelstocks zu einer regelrechten Plage werden. Aber auch bei einer Pflanzung in einen Kübel muss man von Zeit zu Zeit kontrollieren, ob die Wurzelenden nicht über den Rand hinauswachsen. Sollte das geschehen, schneidet man die betreffenden Wurzelenden völlig ab. Die Blütenstände des Molchschwanzes sind allerdings eine Klasse für sich. Weiß oder cremegelb gefärbt, erreichen die nach unten hängenden Blütenstände, von denen sich der Name der Pflanze ableitet, eine Länge bis zu 20 cm.

Die nur wenige Zentimeter hoch werdende Sumpfblume (*Limnathes douglasia*) eignet sich gut zur Bepflanzung der vorderen Uferregion. Eigentlich ist der Name der Pflanze etwas irreführend, weil man normalerweise daraus schlussfolgert, dass Sümpfe ihre bevorzugter Lebensraum sind. Doch dies trifft nicht zu, denn in freier Natur wächst die Sumpfblume vor allem in Senken, die sich zur Schneeschmelze reichlich mit Wasser füllen und danach langsam austrocknen, wobei der Boden aber immer noch genügend Restfeuchtigkeit zurückhält. Dieser Tatsache muss auch bei der Pflege am Gartenteich Rechnung getragen werden. Außerdem sollte sich der Standort für die Sumpfblumen unbedingt in der prallen Sonne befinden, damit sich an den dichten, grünen Polstern auch die hübschen gelben, am Außenrand weiß abgesetzten Blüten entwickeln.

Sauerstoff im Überfluss: Wasserpest

Die Kanadische Wasserpest (*Elodea canadensis*) ist eine Unterwasserpflanze. Sie gedeiht auch noch in Wasser mit einem schwach sauren oder neutralen pH-Wert. Besonders wohl fühlt sie sich jedoch im schwach alkalischen Milieu. Steht ihr genügt Licht zur Verfügung, wächst sie zumeist sehr üppig, wobei die einzelnen Stängel bis zu 1 m lang werden können. Diese Pflanze entzieht dem Wasser große Mengen an gelösten Nährstoffen und produziert gleichzeitig auch noch enorm viel Sauerstoff.

Moose und Farne

Beim Carolina-Moosfarn (*Azolla caroliniana*), auch häufig Carolina-Algenfarn oder Feenmoos genannt, handelt es sich nicht nur um eine äußerst attraktive, sondern zugleich auch noch sehr interessante Pflanze. Der Algenfarn lebt nämlich mit der Blaualge (*Anabaena azolla*) in Symbiose. Unter einer Symbiose versteht man eine wechselseitige Beziehung zweier unterschiedlicher Partner, um dabei einen gegenseitigen Nutzen zu erzielen. Die Blaualgen besiedeln winzige, an den Blättern des Algenfarns befindliche Grübchen, wo sie – ähnlich wie die Knöllchenbakterien der Leguminosen – Luftstickstoff binden. Da die Blaualgen jedoch nicht in der Lage sind, selbst Kohlenhydrate zu synthetisieren, erhalten sie diese von dem Farn und liefern ihm im Gegenzug einen Teil des gebundenen Stickstoffs. Am Gartenteich kann man den Carolina-Moosfarn entweder in ein Sumpfbeet pflanzen oder frei auf der Wasseroberfläche schwimmen lassen. Wer sich für die letztgenannte Variante entscheidet, sollte Folgendes beachten: Moosfarne reagieren empfindlich auf stärkere Bewegungen der Wasseroberfläche und ihr Standort muss möglichst flach sein, da die Pflanzen bestrebt sind, sich mit ihren Wurzeln im Boden zu verankern. Moosfarne bevorzugen ganz eindeutig sonnenexponierte Standorte. Unter solchen Standortbedingungen verfärben sich im Hochsommer bei manchen Beständen zuweilen viele oder sogar sämtliche Blätter rötlich bis rotbraun. Je nach klimatischen Verhältnissen kann der Carolina-Moosfarn ein- oder mehrjährig sein. Bei den einjährigen Beständen geben die Pflanzen im Herbst ihre für die generative Vermehrung erforderlichen Makrosporen frei, deren weiterer Entwicklungszyklus weitestgehend mit dem des Gemeinen Schwimmfarns identisch ist.

Der dichte Bestände bildende Carolina-Moosfarn lebt in Symbiose mit Blaualgen.

Ein nur mit asiatischen Pflanzen gestalteter Teich

Wer sich entschließt, seinen Teich nur mit Pflanzen aus Asien zu bestücken, sollte als gestalterische Elemente vielleicht ein paar sehr große, dekorativ wirkende Steine und besonders bizarr anmutende Wurzeln wählen. Eine kleine, aus Natursteinen gemauerte Brücke erhöht nicht nur zusätzlich den Reiz dieses Teiches, sondern trägt noch mit dazu bei, das er etwas asiatisches Flair erhält.

Immergrüne Dickichte

Zu den ganz typischen Pflanzen Asiens gehören die Bambusgewächse, von denen einige Arten winterhart sind und somit für eine Kultivierung am Gartenteich in Frage kommen. Als ein sehr unproblematischer Pflegling hat sich dabei der Gartenbambus (*Sinarundinaria nitida*) erwiesen. Diese Art ist schnellwüchsig und erreicht unter unseren Klimabedingungen zumeist nur eine Höhe von 2 bis 3,5 m. Gartenbambus bildet meist schon nach wenigen Jahren buschähnliche, blickdichte Bestände. Aufgrund dieser beiden Eigenschaften kann man auch beispielsweise „störende" Wände oder Zäune geschickt hinter einem Bambusdickicht verschwinden lassen. Besondere Aufmerksamkeit verdient sicherlich auch noch die Tatsache, dass der Gartenbambus ganzjährig grünes Laub trägt und somit im Spätherbst und Winter für ein paar schöne Farbkontraste am Gartenteich sorgt.

Typische asiatische Pflanzen sind unter anderem:

① Gartenbambus ② Indisches Springkraut ③ Japanische Schwertlilien ④ kleinwüchsiger Rhododendron-Strauch ⑤ Kamtschatka-Scheinkalla ⑥ Muschelblume ⑦ Japanprimeln ⑧ Houttuyn's ⑨ großwüchsiger Rhododendron-Strauch

Hinter dem dichtwüchsigen, auch im Winter grünbleibende Gartenbambus, lassen sich sehr gut „störende" Wände und Zäune verstecken.

Empfindlicher Springinsfeld

Beim Indischen Springkraut (*Impatiens glandulifera*) handelt es sich um eine einjährige, sehr wuchsfreudige Pflanze, die bis zu 2 m hoch wird. Ihr ursprüngliches Verbreitungsgebiet erstreckt sich über weite Teile Ostindiens bis hin zum Himalaja. Von dort gelangte das Indische Springkraut erstmals 1839 nach Europa, wo man es anfangs als Friedhofs- und Hausgartenpflanze verwendete. Einige Pflanzen verwilderten und in der Folgezeit tauchte das Indische Springkraut zunächst ganz vereinzelt, später immer massiver an vielen Gewässern, auf Auenweiden sowie in feuchten Waldgebieten auf. Von Mitte Juni bis Ende September erscheinen die zahlreichen Blüten, deren Färbung von rein weiß über rosarot und weiß-rot gescheckt bis zu fast weinrot variieren kann. Die Bezeichnung „Springkraut" erhielt die Pflanze aufgrund der ungewöhnlichen Verbreitungsmethode ihrer Samen. Sobald diese im Herbst voll ausgereift sind, genügen bereits geringfügige Berührungen und schon beginnt das Indische Springkraut seine Samen bis zu 6 m weit „wegzukatapultieren".

Die Blüten des Indischen Springkrautes können in ihre Färbung sehr variieren.

Da das Indische Springkraut gewöhnlich nicht im Fachhandel angeboten wird, muss man im Herbst zur Samengewinnung ein Exemplar in der Natur suchen und eine Plastiktüte über die Samenstände stülpen. Im nächsten Moment befinden sich auch schon ausreichend Samen in der Tüte. Diese sät man im kommenden Frühjahr am Gartenteich aus. Leider lässt es sich bei der Pflege des Indischen Springkrauts nie ganz vermeiden, dass sich im Herbst eine mehr oder weniger große Anzahl von reifen Samen „selbstständig macht". Im darauf folgenden Jahr sprießen aus ihnen lauter junge Pflänzchen, von denen man alle unerwünschten sofort entfernen sollte, um auf diese Weise zu verhindern, dass sich das konkurrenzstarke Indische Springkraut zu üppig ausbreitet.

Aronstabgewächse

Für die ersten Frühjahrsblüten sorgt die Kamtschatka-Scheinkalla. Das natürliche Verbreitungsgebiet der zu den Aronstabgewächsen

Das Laub von Houttuyn's Eidechsenschwanz kann entweder einfarbig grün oder grün-weinrot gemustert sein.

(*Araceae*) gehörenden Pflanze erstreckt sich, wie es bereits ihr Name vermuten lässt, von Kamtschatka über ganz Ostsibirien bis nach Japan. Aufgrund ihrer kurzgestielten, bis zu 1 m langen Laubblätter, wirkt die Kamtschatka-Scheinkalla sehr kompakt. Weitere Pflanzen, die nicht nur in Europa, sondern auch in Asien vorkommen, sind die Rhododendren. Die im Handel erhältlichen Exemplare sind fast ausnahmslos Hybriden, die je nach Sorte Endhöhen von 30 cm bis zu 2 m erreichen und sich durch Blühfreudigkeit und eine enorme Blütenfülle auszeichnen. Die Färbung der Blüten variiert von rein weiß über gelb, orange und verschiedene Rottöne bis zu violett. Ursprünglich benötigten alle Sorten ein stark saures Bodensubstrat, das mit viel Torf angereichert war. Inzwischen hat man jedoch schon Sorten herausgezüchtet, die ziemlich kalktolerant sind. Es ist also ratsam, sich beim Kauf von Rhododendren-Sträuchern immer zu erkundigen, welchen pH-Wert das Bodensubstrat aufweisen muss.

Alte Bekannte

Die ursprüngliche Form der Japanische Sumpfschwertlilie (*Iris laevigata*), die blaue Blüten besitzt, findet man nur selten an einem Gartenteich. Dagegen erfreuen sich die unterschiedlichsten Hybriden und Sorten dieser Pflanze, deren Blüten weiß, rosa oder rot gefärbt sind, einer großen Beliebtheit. Ähnlich wie viele Rhododendren-Sorten benötigt auch die Japanische Schwertlilie einen sauren Boden, dessen pH-Wert möglichst nicht über 6,0 liegen sollte. Manchmal will die Pflanze am Ufer nicht so recht gedeihen. Das ändert sich zumeist schlagartig, wenn man sie in bis zu 20 cm tiefes Wasser setzt. Dann entwickelt sich oft schon nach kurzer Zeit aus dem kümmernden Exemplar eine prächtig wachsende Schwertlilie.
Eine andere, ebenfalls in Japan weit verbreitete Pflanze ist die Japan-Primel (*Primula japonica*). Die Färbung ihrer Blüten, die auf einem bis zu 50 cm hohen Stängel sitzen, kann von weiß über rosa bis weinrot variieren. Japan-Primeln mögen es nicht sonderlich, wenn sie ständig mit ihren „Füßen“ im Wasser stehen. Aus diesem Grund platziert man sie am besten so am Ufer, dass die Entfernung bis zum Wasser noch 5 bis 10 cm beträgt.

Rare Schöne

Der Houttuyn's Eidechsenschwanz (*Houttuynia cordata*) kann bis zu 80 cm hoch werden. Man kann ihn entweder direkt am Ufer oder, in einen Pflanzkübel gesetzt, im Wasser platzieren. Die Pflanze besitzt einen kräftigen Wurzelstock, aus dem reichlich Stängel hervorsprießen, die danach mehr oder weniger senkrecht empor wachsen. Neben Exemplaren mit grünen Laubblättern bietet der Handel oftmals auch Zuchtformen an, deren Laub grün-weinrot gemustert ist. Letztere stellen einen besonders schönen Kontrast zu den weißen Blüten dar, die im Juni und August sehr zahlreich vorhanden sind. Bei der Pflege von Houttuyn's Eidechsenschwanz muss man unbedingt beachten, dass die Pflanze nicht völlig winterhart ist. Deshalb werden im Wasser stehende Exemplare im Spätherbst an eine möglichst tiefe Stelle des Teiches umgesetzt. Am Ufer wachsende Pflanzen deckt man am besten mit Nadelreisig und Laub ab.

Kohl und Muscheln: Nicht zum Verzehr geeignet

Die Muschelblume (*Pistia stratiotes*), die auch häufig als Wasserkohl oder -salat bezeichnet wird, ist in den Tropen weit verbreitet. Sie gehört ebenfalls zu den nicht winterharten Arten und kann im Gartenteich nur von Mai bis höchstens Ende September gepflegt werden. Bei der Kultivierung setzt man die Muschelblume entweder in ein Sumpfbeet oder lässt sie frei auf der Wasseroberfläche schwimmen. Sind ausreichend gelöste Nitrate im Teichwasser vorhanden, vermehrt sich die Muschelblume sehr schnell. Bei zu starker Vermehrung muss der Bestand in regelmäßigen Abständen ausgedünnt werden, um zu vermeiden, dass sich eine geschlossene Schwimmpflanzendecke entwickelt.

Muschelblumen überwintert man am besten auf der Wasseroberfläche eines beheizten Aquariums. Um dem Lichthunger der Pflanzen zu entsprechen, ist täglich eine intensive künstliche Beleuchtung von mindestens 12 Stunden erforderlich. Trotzdem passiert es auch dann noch sehr oft, dass einige Muschelblumen vor sich hin kümmern. Aber das ändert sich gewöhnlich schlagartig, wenn sie im kommenden Jahr erneut in den Gartenteich gesetzt werden. Dann verwandeln sich die Kümmerlinge binnen kürzester Zeit zu prächtigen Pflanzen, deren Durchmesser manchmal über 20 cm beträgt.

Muschelblumen, auch oft als Wasserkohl oder -salat bezeichnet, sind sehr sonnenhungrige Pflanzen.

Ein Seerosen-Teich

Seerosen gehören zu den beliebtesten Teichpflanzen überhaupt – und das nicht erst seit kurzem.
Bereits vor mehr als 3000 Jahren kultivierten und züchteten die alten Chinesen, Inder und Ägypter die verschiedensten Seerosengewächse (*Nymphaeaceae*). Unter Pharao Ramses III. gab es beispielsweise sogar einige Beamte, deren einzige Aufgabe darin bestand, die Lotosblumen in den königlichen Wassergärten zu pflegen und zu vermehren.

Die kleinwüchsige Sorte 'Aurora' gehört zu den „Chamäleons" unter den Seerosen.

Eine intensive züchterische Bearbeitung der Seerose setzte jedoch erst gegen Ende des 19. Jahrhunderts ein. Einer der erfolgreichsten und bekanntesten Züchter dieser Zeit war Marliac. Er hat zum Beispiel die Sorte 'Aurora' gezüchtet, die auch noch heute gern gepflegt wird.
Die Blüten der 'Aurora' gehören zu den „Chamäleons" unter den Seerosen. Beim Aufbrechen zeigen sie zunächst ein helles Rosaorange, um sich im weiteren Blühverlauf dunkelorange bis rot umzufärben. Es ist

Die unterschiedlichen Seerosen-Sorten, hier in einem Ausstellungsbassin, bestechen durch Farben- und Formenmannigfaltigkeit.

Die prächtigen Blüten der Seerosen an diesem Teich kommen am besten zur Geltung, wenn sie von vielen „Grünpflanzen“ umgeben sind, wie beispielsweise:

① *Torfmoos-Polstern* ② *Ästiger Igelkolben* ③ *Schilf* ④ *Breitblättriger Rohrkolben* ⑤ *Sal-Weiden-gestrüpp* ⑥ *Kalmus*

immer wieder herrlich, einen Teich zu betrachten, auf dem sich Seerosenblüten, der unterschiedlichsten Farben, Formen und Größen befinden.

Sortenvielfalt

Zwischen der Größe der Seerose und ihrer erforderlichen Mindestpflanztiefe besteht zumeist eine sehr enge Korrelation. Kleine Arten, wie die weißblühende „Tetragona“ oder die pinkfarbene 'Pygmaea rubra', fühlen sich bereits wohl, wenn der Wasserstand über ihren Wurzeln 15 bis 25 cm beträgt. Sie eignen sich folglich sowohl zur Bepflanzung von sehr flachen Wasserbereichen als auch von Miniteichen. Dagegen möchten Sorten, wie die orangefarbene 'Indiana', die karminrote 'James Brydon' oder 'Laydekeri lilacea', deren Blüten rosa-lilafarben sind, einen Wasserstand von 30 bis 50 cm. Bei der Pflege von großwüchsigen Sorten, wie der pinkfarbenen 'Mayfa', der leuchtend gelben 'Gold Medal' oder der erst vor kurzem gezüchteten 'Gruß an Potsdam', sollte die Wasserstandshöhe schon 50 bis 100 cm betragen. Neben diesen winterharten Sorten ist selbstverständlich auch eine Pflege tropischer beziehungsweise nicht winterharter Exemplare möglich. Hierzu gehören unter anderen die blassblau blühende 'Daubeniana' oder die weiß-violette 'Zanzibariensis'. Bevor man jedoch solche Seerosen-Sorten erwirbt, sollte man immer erst einmal überlegen, ob auch geeignete Möglichkeiten, wie etwa ein geheiztes Gewächshaus oder ein kleines, im Wintergarten stehendes Bassin vorhanden sind, um die Pflanzen gut zu überwintern.

Die nicht winterharte Daubeniana *(links) muss genauso wie die aus dem tropischen Afrika stammende* Zanzibariensis *in einem geheizten Gewächshaus überwintert werden.*

Tipps zur Pflege

Frisch eingepflanzte Seerosen möchten nicht ständig gepflegt, sondern lieber in Ruhe gelassen werden. Erst wenn sie beginnen, größere Teile der Wasseroberfläche mit ihren Blättern zuzuwuchern, wird der Bestand ausgelichtet, indem man vor allem die Triebspitzen zurückschneidet.
Zu den häufigsten Krankheiten der Seerosen gehört die Blattfleckenkrankheit, die zumeist nur älteres Laub befällt. Dabei erscheinen zunächst nur vereinzelte dunkle Flecken auf den Blättern. Mit fortschreitender Zeit werden es dann immer mehr. Gesunde, kräftige Pflanzen müssen allerdings kaum behandelt werden. Nimmt die Krankheit jedoch ein größeres Ausmaß an, ist es zweckmäßig, ein entsprechendes Bekämpfungsmittel zu kaufen und die Seerosen damit zu behandeln. Zerfetzte oder mit Löchern übersäte Seerosenblätter deuten fast immer darauf hin, dass die Larve des Seerosen-Zünslers, also eines kleinen Schmetterlings, an den Pflanzen parasitiert. Die Larven benutzen die herausgeschnittenen Blattstücke, um sich eine auf dem Wasser treibende Behausung davon zu bauen. Am einfachsten kann man sie durch Absammeln bekämpfen.
Etwas problematischer ist dagegen schon die Bekämpfung des Seerosenkäfers, dessen Larven Gänge in das Blattwerk fressen. Sind nur wenige Blätter befallen, braucht man sie nur abzuschneiden. Bei massiverem Befall lässt es sich allerdings nicht vermeiden, die Blätter mit einem handelsüblichen Insektizid zu behandeln.

Vor allem auf dem vordersten Laubblatt dieser Weißen Seerose sind die Fraßspuren des Seerosen-Zünslers gut erkennbar. Derartige Blätter sollten am besten sofort abgeschnitten werden.

Gute Gesellschaft

Damit ein Seerosen-Teich nicht farblich überladen wirkt, ist es unter Umständen sehr ratsam, ihn zusätzlich nur noch mit Pflanzen zu bestücken, die keine auffälligen Blüten hervorbringen. Zur Gestaltung des Hintergrunds sowie der Seiten bieten sich beispielsweise Kalmus, Breitblättriger Rohrkolben, Schilf, Weidengestrüpp und Ästiger Igelkolben an. Bei der letztgenannten Art handelt es sich um eine ausdauernde Staude, die nicht nur in ganz Europa, sondern auch in den gemäßigten Klimaregionen Asiens und in Nordamerika vorkommt. Der Ästige Igelkolben ist zumeist sehr wuchsfreudig und neigt dazu, dichte Bestände zu bilden, deren Einzelpflanzen bis zu 1 m hoch werden können. Seine Blütezeit erstreckt sich in Abhängigkeit vom jeweiligen Standort von Anfang Juni bis Ende August. Dann erscheinen die sich zumeist recht sperrig verzweigenden Blütenstände, die an kleine, zusammengerollte Igel erinnern und von denen sich die deutsche Bezeichnung der Pflanze ableitet.

Am Gartenteich benötigt der Ästige Igelkolben nicht unbedingt einen sonnenexponierten Standort, sondern gedeiht auch noch sehr gut im Halb- und Vollschatten. Zur Bepflanzung des vorderen Teichufers können sämtliche Torfmoos-Arten (*Sphagnum spp.*) Verwendung finden. Sie entwickeln sich gewöhnlich zu dichten, attraktiv aussehenden Polstern, deren artspezifische Färbung von gelb- bis dunkelgrün variiert. Torfmoos benötigt unbedingt ein saures, nährstoffarmes Bodensubstrat, das möglichst auch noch staunass ist. Trotzdem hat die Pflanze dann immer noch das Bestreben, in Richtung Wasser zu wachsen, was man gut zum Kaschieren von unnatürlich aussehenden Uferbereichen nutzen kann.

Breitblättriger Rohrkolben, eine enorm wüchsige Staude, die sich vor allem zur Hintergrundgestaltung eignet.

Der Ästige Igelkolben gehört in die Kategorie „Grünpflanzen“, mit denen sich der Rand eines Teiches gut gestalten lässt.

Alle Arten von Torfmoos eignen sich ebenfalls zur Randbepflanzung des Gartenteiches. Wie man sieht, fühlen sich auch dieser Wasserfrosche auf den Torfmoospolstern sehr wohl.

Kurzporträts einiger ausgewählter Teichpflanzen

In diesem Kapitel werden Arten vorgestellt, die in den bisherigen Abschnitten nur wenig oder gar keine Berücksichtigung fanden. Die dabei gewählte Gliederung in Schwimm-, Sumpf- und Unterwasserpflanzen basiert nicht auf streng wissenschaftlichen Ordnungs- beziehungsweise Verwandtschaftskriterien. Vielmehr soll sie als Orientierungshilfe dienen, welche Pflanzen sich außer den bisher vorgestellten noch für die entsprechenden Bereiche des Gartenteichs eignen.

Schwimmpflanzen

Die Seekanne

Die Seekanne (*Nymphoides peltata*) ähnelt in ihrem gesamten Erscheinungsbild der Teichrose, doch sie gehört nicht wie diese zu den Seerosengewächsen, sondern, genau wie der Fieberklee, zu den Enziangewächsen (*Gentianaceae*). Sie bildet eine dünne, am Gewässergrund entlang kriechende Grundachse, aus der die zahlreichen Stängel zur Wasseroberfläche emporwachsen. Die daran befindlichen, runden, an ihrer Oberfläche grasgrün gefärbten Schwimmblätter weisen an der Basis einen herzförmigen Einschnitt auf. Unterseitig sind die Schwimmblätter rötlich gefärbt und mit vielen, unregelmäßig verteilten Pünktchen, den so genannten Hydropoten besetzt. Es handelt sich dabei um Zellgruppen, die in der Lage sind, Wasser mitsamt den darin gelösten Nährstoffen aufzunehmen. Von Juli bis September erscheinen die leuchtend gelben Blüten, deren Durchmesser bis zu 3 cm betragen kann.

Die Seekanne ist nicht, wie man im ersten Moment denken könnte, eine Verwandte der Seerosen, sondern ein Enziangewächs.

Neu erworbene Exemplare pflanzt man am besten in 50 bis 100 cm Wassertiefe ein. Dabei ist der Standort so zu wählen, dass sich die Schwimmblätter später in der Vollsonne befinden. Da sich die Seekanne in wärmerem Wasser besonders wohl fühlt, kommen ihr die im Gartenteich vorherrschenden Temperaturen normalerweise sehr entgegen.
Das natürliche Verbreitungsgebiet der Seekanne erstreckt sich auf weite Teile Europas sowie die gemäßigten Klimaregionen Asiens. Aus diesem Grund eignet sie sich auch zur Gestaltung von Teichen, die mit asiatischen Pflanzen bestückt werden sollen. In Deutschland weisen die Seekannen-Vorkommen bereits seit einigen Jahrzehnten eine stark rückläufige Bestandsentwicklung auf. Um dieser Tatsache wenigstens etwas entgegenzuwirken, wurde die Pflanze unter

Schutz gestellt und darf somit nicht aus der Natur entnommen werden.

Der Martius' Wasserschlüssel

Eine ebenfalls gelbblühende, jedoch aus dem tropischen Südamerika stammende Pflanze ist der Martius' Wasserschlüssel (*Hydrocleys martii*), der häufig auch als Wassermohn bezeichnet wird. Wie kaum anders zu erwarten, ist diese Art nicht winterhart und kann deshalb nur von Mai bis Ende September im Gartenteich gepflegt werden. Die Überwinterung muss in einem beheizten, gut beleuchteten Aquarium erfolgen.
Martius' Wasserschlüssel muss im sonnenexponierten Flachwasserbereich des Gartenteichs so platziert werden, dass er sich mit seinen Wurzeln gut im Boden verankern kann. Das Bodensubstrat braucht nicht übermäßig nährstoffreich zu sein. Wesentlich wichtiger ist hingegen der pH-Wert des Wassers der keinesfalls über 7,0 liegen darf. Am wohlsten fühlt sich diese Art in einem pH-Wert-Bereich von 5,5 bis 6,8. Die Pflanze besitzt ovale bis fast kreisrunde, oftmals sehr langgestielte Schwimmblätter, die sich

Der leuchtend gelb blühende Martius' Wasserschlüssel ist eine nicht winterharte Schwimmpflanze, die aus dem tropischen Südamerika stammt.

unter günstigen Bedingungen schnell auf der gesamten Teichoberfläche ausbreiten. Zwischen den Blättern wird man immer eine Vielzahl an Knospen finden, aus denen die 4 bis 5 cm großen Blüten hervorsprießen.
Leider gibt es bei der Beschaffung von Martius' Wasserschlüssel häufig Probleme, da der Fachhandel diese Pflanze nur sehr selten anbietet. Mehr Glück kann man mit Nachfragen in Botanischen- oder sogar in größeren Zoologischen Gärten haben. Letztere kultivieren Martius' Wasserschlüssel manchmal auch in ihren Terrarien- beziehungsweise Tropenhäusern. Als Alternative kann man während der Sommermonate auch den sehr ähnlich aussehenden Nymphaea-Wasserschlüssel (*Hydrocleys nymphoides*) im Gartenteich pflegen, dessen Ansprüche weitestgehend mit denen des Martius' Wasserschlüssels identisch sind. Leider ist auch diese Art zumeist schwer zu beschaffen.

Die Wassernuss

Ähnlich wie bei der Seekanne weisen auch die natürlichen Bestände der Wassernuss (*Trapa natans*) eine rückläufige Tendenz auf. Es handelt sich bei dieser Art um eine einjährige Pflanze. Ihre deutsche Bezeichnung leitet sich von den anfangs grünen, später schwarzbraun verfärbenden Früchten ab, die kräftige Dornen

aufweisen. Das im Inneren befindliche Fruchtfleisch eignet sich übrigen auch für den menschlichen Verzehr und erinnert im Geschmack an Edelkastanien.
Die Früchte überdauern die kalte Jahreszeit am Grund des jeweiligen Gewässers. Sobald im Frühjahr das Wasser etwa wärmer wird, setzt bei ihnen der Keimungsprozess ein. Dabei öffnet sich die Fruchtschale und ein nur wenige Zentimeter langer Keimwurzelstock, an dem zahlreiche Nebenwurzeln vorhanden sind, schiebt sich nach außen. Der Keimling verankert sich im Boden und bildet mehrere mit Unterwasserblättern besetzte Stängel aus, die zielstrebig in Richtung Wasseroberfläche wachsen. Haben sie diese erreicht, sterben die Unterwasserblätter ab und gleichzeitig werden die in Rosetten angeordneten Schwimmblätter ausgebildet. Ihre Schwimmfähigkeit verdankt die Wassernuss aber nicht diesen Blättern, sondern den blasenartigen Verdickungen der Blattstiele.
Die Wassernuss ist eine verhältnismäßig anspruchsvolle Pflanze. Am besten gedeiht sie in kalkarmem, nährstoffreichem Wasser. Sie mag keine Bewegungen der Wasseroberfläche, wie sie beispielsweise durch Einläufe oder Springbrunnen erzeugt werden. Außerdem ist sie auch noch sehr wärmebedürftig. Dieses starke Wärmebedürfnis zeigt sich unter anderem darin, dass sie zur Fruchtkeimung mindestens eine Temperatur von 12 °C benötigt. Keine Probleme gibt es bei der Beschaffung dieser Pflanze, da sie zu Beginn der Gartenteichsaison fast in jeder gut sortierten Fachhandlung erhältlich ist. An einem sonnenexponierten Standort erweist sich die Wassernuss oftmals als sehr dankbare Pflanze. In Folge der reichlich getriebenen Ausläufer entstehen mitunter dichte Rosettenteppiche, die ausgesprochen schön anzusehen sind.

Wasserknöterich ist eine sehr anpassungsfähige Pflanze, die von Anfang Juni bis Ende September zart- bis dunkelrosa-farbene Blütenstände hervorbringt.

Der Wasserknöterich

Wasserknöterich (*Polygonum amphibium*), der gelegentlich auch als Sumpfknöterich bezeichnet wird, ist – wie man vielleicht aufgrund des deutschen Namens vermuten könnte – keine reine Wasserpflanze, sondern äußerst anpassungsfähig. Er bringt in Abhängigkeit von den jeweiligen Standortverhältnissen entweder eine Wasser- oder eine Landform hervor, die sich in ihrer äußeren Gestalt erheblich voneinander unterscheiden.
Der bis zu 3 m lange weiche Stängel der Wasserform wird von großen Luftkanälen durchzogen, die mit zur Schwimmfähigkeit der Pflanze beitragen. Nimmt man einen solchen Stängel aus dem Wasser heraus, so hängt er schlaff nach unten. Die langstieligen, leicht glän-

zenden Laubblätter dieser Form sind an ihrer Spitze sowie dem Blattgrund zumeist abgerundet. Dagegen stehen die Stängel der Landform aufgrund der Ausbildung von so genannten mechanischen Zellen, welche der Pflanze die erforderliche Stabilität verleihen, stets aufrecht. Die daran befindlichen schmaleren Laubblätter haben nur sehr kurze Stiele und laufen am Ende spitz aus. Außerdem sind sie mit feinen Drüsenhärchen besetzt, die ein klebriges Sekret absondern, das unliebsame Insekten fernhalten soll.
Interessanterweise kann sich sowohl die Land- als auch die Wasserform des Wasserknöterichs bei einer Veränderung der Umweltbedingungen sehr schnell und ohne dabei irgendwelche Wachstumsprobleme zu zeigen, zur anderen Form umbilden. Bei einem solchen Umwandlungsprozess werden alle anatomischen Besonderheiten der anderen Form, wie etwa die Drüsenhärchen, aus- beziehungsweise zurückgebildet.
Die Wasserform bevorzugt einen sonnenexponierten Standort und ein nährstoffreiches Bodensubstrat. Darin verankert sich die Pflanze mit ihrem stielrunden Rhizom, das eine Länge von reichlich 1 m erreichen kann. Von Anfang Juni bis Ende September werden die kleinen zart- bis dunkelrosafarbenen Blüten geschoben, die in dichten Scheinähren vereint sind.
Der starke Blütenduft des Wasserknöterichs lockt immer zahlreiche Insekten, vor allem aus der Verwandtschaft der Fliegen und Bienen an, die die Bestäubung übernehmen. Anschließend beginnen sich aus den befruchteten Blüten die als „Nüsschen" bezeichneten Früchte zu entwickeln. Sie sind dunkelbraun und können im Wasser schwimmen.

Erweist sich der Standort als günstig, bringen auf dem sommerlichen Gartenteich sowohl die Dünnstielige Wasserhyazinthe (links) als auch die Dickstielige Wasserhyazinthe (rechts) sehr beeindruckende Blütenstände hervor.

Die Dünnstielige Wasserhyazinthe

Genau wie ihre nächste Verwandte, die Dickstielige Wasserhyazinthe, ist auch die Dünnstielige Wasserhyazinthe (*Eichhornia azurea*) nicht winterhart. Folglich kann man sie auch nur während der wärmeren Jahreszeit im Gartenteich pflegen. Die Überwinterung muss in einem beheizten, möglichst intensiv beleuchteten Aquarium erfolgen. Die ursprünglichen Heimatgebiete der Dünnstieligen Wasserhyazinthe erstrecken sich auf weite Bereiche der tropi-

schen und subtropischen Regionen Amerikas. Von dort aus gelangte sie durch den Menschen auch in andere Erdteile, beispielsweise nach Afrika und Asien.
In der Aquaristik pflegt man die Dünnstielige Wasserhyazinthe schon seit langem als Unterwasserpflanze. Das ist selbstverständlich auch im Gartenteich möglich; man muss die Pflanze nur mindestens 40 bis 50 cm tief im Teich einpflanzen. Der größte Unterschied zwischen der Unterwasser- und der Schwimmform besteht in den Blättern. Während sie bei der Schwimmform sehr groß und mehr oder weniger oval bis fast rund sind, entwickelt die Unterwasserform dünne, längliche Blätter. Sie besitzen keinen Stiel, sondern entspringen direkt am Stängel.
Die Dünnstielige Wasserhyazinthe gehört zu den sonnenhungrigsten Arten des Gartenteichs. Sie entzieht dem Teich täglich große Mengen an gelösten Nährstoffen und fühlt sich in schwach saurem bis neutralem Wasser am wohlsten. Wenn sich dann auch noch die Wassertemperatur immer zwischen 15 und 30 °C bewegt, neigt die Pflanze dazu, mit ihren Blättern schnell einen dichten Schwimmpflanzenteppich zu bilden. Selbst unter den klimatischen Bedingungen Deutschlands erscheinen zwischen Juli und August die etwa 15 cm langen Blütenstände. Rein botanisch betrachtet, handelt es sich dabei um eine Scheinähre, in der bis zu 50 Einzelblüten vereint sein können. Die Grundfärbung der Blüten ist hellviolett. Im Inneren geht dieser Farbton schließlich ganz abrupt in ein kräftiges Dunkelviolett über.

Bei der weißblühenden Anemopsis handelt es sich um ein Eidechsenschwanzgewächs aus dem südlichen Nordamerika, das einen sonnigen bis halbschattigen Standort benötigt.

Sumpfpflanzen

Die Anemopsis

Bei der Anemopsis (*Anemopsis californica*) handelt es sich um ein Eidechsenschwanzgewächs (Saururaceae), das im südlichen Nordamerika beheimatet ist. Diese bis zu 35 cm hohe, buschige Staude kann man sowohl an einem sonnigen als auch halbschat tigen Standort anpflanzen. Sie bildet am Boden liegende Ranken, aus denen sich ständige neue Pflanze entwickeln, die schnell Wurzeln treiben. Für Vermehrungszwecke braucht man nur noch einige Ranken abzuschneiden und unmittelbar danach an einer beliebigen Stelle einzupflanzen. Das ist wesentlich vorteilhafter, als diese Art mühselig aus Samen nachzuziehen.
Die 10 bis 20 cm großen, saltgrünen Laubblätter der Anemopsis stellen einen schönen Kontrast zu den äh-

rigen Blütenständen dar, die von weißen Hochblättern umgeben sind. Letztere verfärben sich beim Verblühen stellenweise weinrot. Im Herbst muss die Pflanze gründlich mit einer dicken Schicht aus Nadelreisig und Laub oder Stroh abgedeckt werden, da sie äußerst empfindlich gegen Fröste ist.
Die Anemopsis wird häufig mit der grünblättrigen Form von Houttuyn's Eidechsenschwanz verwechselt. Das liegt vor allem an der sehr ähnlichen Form und Anordnung der Blütenstände, die jedoch im Gegensatz zu den weißlichen Blütenständen der Anemopsis leuchtend gelb sind. Außerdem besitzt Houttuyn's Eidechsenschwanz herzförmige Blätter, während diejenigen der Anemopsis länglich sind.

Die Sumpfkalla ist unser schönstes einheimisches Aronstabgewächs. Da die Pflanze unter Schutz steht, darf sie nicht der freien Natur entnommen werden.

Die Sumpfkalla

Die Sumpfkalla (*Calla palustris*), die gelegentlich auch als Sumpf-Drachen- oder Sumpf-Schlangenwurz bezeichnet wird, gehört nicht nur zu den schönsten einheimischen Aronstabgewächsen, sondern auch zu den attraktivsten Gartenteichpflanzen. Mit ihrem kräftigen Wurzelstock steht sie am liebsten in einem schlammigen, nicht zu nährstoffreichen Bodensubstrat, dessen pH-Wert neutral bis schwach sauer sein sollte. Für den Standort eignet sich Halbschatten am besten, denn in der Vollsonne treibt die Sumpfkalla zwar viele Laubblätter aber dafür kaum Blüten, die normalerweise von Mai bis Juli erscheinen. Dabei wird zunächst ein kurzer als „Spadix" bezeichneter Blütenkolben ausgebildet, an dem sich viele winzige, nektarlose Einzelblüten befinden. Die Blüten strömen einen leichten Aasgeruch aus, der Fliegen und Käfer anlockt, die die Bestäubung durchführen. Danach entwickeln sich aus den Blüten die scharlachroten Früchte, die leicht schleimig und vor allem giftig sind. Sobald die Früchte ihre Vollreife erreicht haben, platzen sie auf und entlassen dabei die schwimmfähigen Samen. In der Natur spielen die Früchte für die Verbreitung der Sumpfkalla eine große Rolle. Am Gartenteich hingegen vermehrt sich die Staude vor allem über die Ausläufer ihres Wurzelstocks.
Da der Blütenkolben der Sumpfkalla von der so genannten Spatha, einem außen grünen und innen leuchtend weißen, mehr oder weniger ellipsenförmigen Hochblatt umhüllt wird, ist noch immer die irrtümliche Meinung verbreitet, dass es sich dabei um die Blüte der Sumpfkalla handele.

Das Sumpfhelmkraut

Das Sumpfhelmkraut (*Scutellaria galericulata*) gehört zur der Familie der Lippenblütengewächse (*Lamiaceae*). Diese Staude ist recht genügsam und gedeiht auf fast jedem Bodensubstrat, vorausgesetzt es ist feucht genug. Dann bildet sie auch reichlich Ausläufer, die sehr dünn sind und zu starker Verzweigung neigen. Die mehr oder weniger senkrecht aufsteigenden, schwach verzweigenden Stängel erreichen Wuchshöhen von 10 bis 50 cm. An ihnen befinden sich die eiförmig-lanzettlichen bis linealisch-lanzettlichen Laubblätter, deren Ränder auf jeder Seite drei bis acht ganz schwach ausgebildete Zähne aufweisen. Die bläulichen bis violetten, seltener rein weißen Blüten des Sumpfhelmkrauts, die paarweise aus den oberen Blattachseln entspringen, erscheinen von Juni bis September. Aus botanischer Sicht sind vor allem die beiden Kelchteile, die die Blütenkrone glockenförmig umfassen, interessant. Sie ermöglichen der Pflanze eine Samenverbreitung, die als „Regenballismus" bezeichnet wird. Das Ganze funktioniert folgendermaßen: Unmittelbar nach dem Abwurf der Blütenkrone, dem in der Regel eine Bestäubung durch Insekten vorausging, schließen sich die Kelchteile bis zur Samenreife. Treffen danach Regentropfen auf den oberen Kelchteil, so springt dieser ab und schleudert dabei die mit einem Luftgewebe ausgestatteten, schwimmfähigen Samen heraus.

Der Gemeine Gelbstern

Der zu den Liliengewächsen (*Liliaceae*) gehörende Gemeine Gelbstern (*Gagea lutea*) ist ein Frühlingsblüher, der wie Schneeglöckchen und Märzenbecher, eine kleine Zwiebel als Speicherorgan besitzt. Aus ihr sprießt, je nach Witterung, im März oder April, der mit einem langen, grundständigen Laubblatt sowie zwei Stängelblättern besetzte Stiel hervor, an dessen oberen Ende sich die zitronengelben Blüten befinden. Manchmal sind bis zu sieben von ihnen in einem lockeren trugdoldenartigen Blütenstand vereint.
Wer den Gemeinen Gelbstern gern pflegen möchte, kann ihn entweder aus Samen nachziehen oder, was wesentlich praktischer ist, sich einige Zwiebeln von dieser Art beschaffen. Letztere werden im September oder Oktober 3 bis 5 cm in den Boden gesteckt, der möglichst nährstoffreich und ganzjährig feucht sein sollte. In den Folgejahren vermehrt sich dann der Gemeine Gelbstern vor allem auf vegetativem Weg durch Brutzwiebeln. Eine schöne Farbkombination entsteht, wenn man Zwiebeln des Gemeinen Gelbsterns und des Zweiblättrigen Blausterns (*Scilla bifolia*) im gleichen Bereich steckt. Im folgenden Frühjahr wird man dann dort einen blau-gelben Blütenteppich bewundern können.

Der Gemeine Gelbstern – ein Frühlingsblüher, der sich am Gartenteichufer sehr wohl fühlt.

Das Sumpfvergissmeinnicht

Im Gegensatz zu manch anderen einheimischen Sumpf-

und Wasserpflanzen, führt das Sumpfvergissmeinnicht (Myosotis palustris) leider immer noch vielerorts ein regelrechtes „Mauerblümchen-Dasein". Dabei eignet sich diese attraktive Staude, die zur Familie der Borretschgewächse (*Boraginaceae*) gehört, hervorragend als Uferbewuchs.

Sie besitzt einen dünnen, weit kriechenden Wurzelstock, aus dem die 10 bis 50 cm langen, mit feinen Härchen besetzten Stängel zumeist aufrecht emporwachsen. Außerdem sind auch noch die Blätter, wie bei sämtlichen Vergissmeinnicht-Arten, mehr oder weniger stark behaart.

Die Blütezeit des Sumpfvergissmeinnichts erstreckt sich gewöhnlich von Anfang Mai bis Ende Juli. Lediglich in besonders milden Jahren passiert es manchmal, dass die Pflanzen zweimal blühen. In solchen Fällen erstreckt sich die zweite Blühzeit bis Ende September.

Unmittelbar nach dem Aufblühen zeigen die Blüten zunächst eine rosa-violette Färbung. Im weiteren Blühverlauf geht die Färbung dann in ein kräftiges Himmelblau über. Dieser interessante Wechsel der Blütenfarbe beruht auf einer pH-Wert-Veränderung des Zellsafts, der sich allmählich von sauer (rosa-violett) zu alkalisch (hellblau) verändert.

Das Sumpfvergissmeinnicht bevorzugt sonnenexponierte Standorte mit nährstoffreichen, feuchten bis nassen Bodensubstraten. Sind derartige Bedingungen am Gartenteich vorhanden, entwickelt sich sehr schnell ein dichter, flächendeckender Bestand, der von Zeit zu Zeit einer Auslichtung bedarf.

Wenn man ein paar Stängel des Sumpfvergissmeinnichts in 10 bis 20 cm tiefes Wasser pflanzt, bildet es eine Unterwasserform aus, die mitunter stark wuchert. Ein Vorteil der Unterwasserform besteht darin, dass sie auch im Winter grün bleibt und somit Photosynthese betreibt, wodurch die Sauerstoffbilanz des Wassers aufgebessert wird. Darüber hinaus ist das Sumpfvergissmeinnicht auch noch sehr hart im Nehmen. Selbst nach einem völligen Bedecken mit Sand oder Schlamm, wie es beispielsweise infolge der Wühlaktivitäten einiger Fischarten passieren kann, ist die Pflanze nicht zum Absterben verurteilt. Vielmehr lässt der scheinbar unbändige Lichthunger derselben immer wieder neue Stängel aus dem weit verzweigten Wurzelstock sprießen.

Das giftige, zu den Rachenblütlern gehörende Gottes-Gnadenkraut wird bisher verhältnismäßig selten am Gartenteich gepflegt.

Das Gottesgnadenkraut

Gottesgnadenkraut (*Gratiola officinalis*), das in verschiedenen Gegenden Deutschlands auch als Gemeines Gnadenkraut bezeichnet wird, ist ein Rachenblütler (*Scrophulariaceae*) und steht aufgrund seiner rückläufigen Bestandsentwicklung unter Naturschutz. Am besten gedeiht es an sonnenexponierten Standorten mit nassen, nährstoffreichen Bodensubstraten.

Aus dem kriechenden Wurzelstock steigen im Frühjahr mehr oder weniger senkrecht die bis zu 50 cm langen Stängel auf. Sie verzweigen stark

und bilden dabei einen dichten, horstartigen Bestand.
In freier Natur bildet des Gottesgnadenkraut oftmals gemeinsame Bestände mit der Sibirischen Schwertlilie. Selbstverständlich bietet sich diese Pflanzenkombination auch für den Gartenteich an, zumal beide Pflanzen zu unterschiedlichen Zeiten blühen. Denn im Unterschied zur Sibirischen Schwertlilie, die ihre Blüten von Mai bis Juni hervorbringt, erscheinen sie beim Gottesgnadenkraut erst von Juni bis August. Zu dieser Zeit wird die Pflanze mit zahlreichen weißen Blüte übersät, die bis zu 1 cm groß sind und einzeln aus den Achseln der lanzettförmigen Laubblätter entspringen.
In der mittelalterlichen Medizin spielte das für Menschen hochgradig giftige Gottesgnadenkraut eine wichtige Rolle bei der Behandlung der verschiedensten Krankheiten. Bei der Pflege dieser Pflanze muss man unbedingt darauf achten, dass keine Kleinkinder damit in Kontakt kommen, die bekanntlich eine Vorliebe dafür haben, alles Mögliche in den Mund zu stecken, um darauf herumzukauen.

Von Juni bis September bringen die herrlichen Blüten der Kardinalslobelie „Feuer" in die Teichlandschaft.

Die Kardinalslobelie

Bei der Kardinalslobelie (*Lobelia cardinalis*) handelt es sich um eine in Nord- und Mittelamerika weit verbreitete Sumpfpflanze. Ihren Namen erhielt sie aufgrund ihrer herrlichen, scharlachroten Blüten, deren Farbe an die Gewänder von Kardinälen erinnert. Die von Juli bis September erscheinenden Einzelblüten sind in einer bis zu 20 cm langen, aufrecht stehenden Traube vereint, welche weithin sichtbar ist und fast wie eine kleine Fackel am Teichufer wirkt.
Kardinalslobelien können eine Wuchshöhe von 1 m erreichen. An dem fleischigen 0,2 bis 3 cm starken Stängel entspringen wechselständig die Blätter. Je nach Sorte variiert ihre Färbung von gras- über olivgrün bis weinrot.
Ein Lobelien-Standort sollte sich immer in einer sonnigen Lage befinden, wobei man die Pflanze entweder direkt am Ufer oder im Flachwasser platzieren kann. An das Bodensubstrat stellt die Kardinalslobelie keine besonderen Ansprüche. Sie ist auch in der Lage, eine Unterwasserform hervorzubringen. Im Gegensatz zu den langen, schmalen Laubblättern der Landform, sind sie bei der Unterform wesentlich gedrungener und weisen immer eine hellgrüne Färbung auf.
Ihr einziger Nachteil besteht darin, dass sie nur in ausgesprochen milden Lagen, wie beispielsweise in Weinbaugegenden, keinen Winterschutz benötigt. In den restlichen Gebieten Deutschlands erweist sie sich gewöhnlich als nicht winterhart und muss deshalb im Herbst mit einer Nadelreisig-Laub-Schicht abgedeckt oder in einem frostfreien Raum untergebracht werden. Dagegen ist die eng verwandte, hellblau blühende Sumpflobelie (*Lobelia siphilitica*) völlig winterhart.

Die Goldkeule

Die aus Nordamerika stammende Goldkeule (*Orontium aquaticum*) gehört zu jenen Pflanzen, die bisher noch relativ selten bei der Gestaltung von Gartenteichen Verwendung finden. Bei dieser Art handelt es sich um eine Rhizom bildende Staude mit grundständigen, mehr oder weniger lanzettlichen Laubblättern. Voll entfaltet können diese Blätter eine Länge von fast 30 cm bei einer Breite von reichlich 10 cm erreichen. Während sie im Jugendstadium noch annähernd grasgrün sind, verfärben sich mit fortschreitender Vegetationsdauer die Unterseiten immer mehr zu einem Grau- bis Silbergrün und die Oberseiten zu einem Blaugrün.
Je nach Standort und den damit verbundenen klimatischen Bedingungen, kann sich die Blütezeit der Goldkeule von Mitte April bis Mitte Juni erstrecken. Dann erscheinen die mit winzigen zitronengelben Blüten besetzten 5 bis 6 cm langen Blütenkolben, die von bis zu 40 cm langen, weißen Stielen getragen werden. Wiederholt habe ich schon beobachtet, dass sich Ameisen sehr intensiv an den Blütenkolben zu schaffen machten. Wahrscheinlich werden die Ameisen, ähnlich wie bei der Sumpfkalla Käfer und Fliegen, vom Duft der nektarlosen Blüten angelockt und übernehmen dabei unbeabsichtigt die Bestäubung.
Die Goldkeule kann sowohl zur Randbepflanzung eines Teiches als auch zur Ausgestaltung der Flachwasserzone verwendet werden. Bei ganz flach unter der Wasseroberfläche eingesetzten Pflanzen wachsen die Laubblätter mehr oder weniger aufrecht stehend heraus, während sie bei größeren Tiefen im Wasser schwimmen. Man sollte es auf jeden Fall vermeiden, die Goldkeule in unmittelbarer Nachbarschaft von starkwüchsigen Arten zu pflanzen, da sie deren Konkurrenzdruck nicht standhält.
Die Goldkeule gehört zu den Tiefwurzlern und benötigt nährstoffreiches, jedoch kein kalkhaltiges Bodensubstrat von mindestens 50 bis 60 cm. Da auch diese Pflanze nicht völlig winterhart ist, braucht sie unter Umständen bei starker Kälte einen entsprechenden Schutz. Exemplare, die am Teichrand oder in einem Sumpfbeet wachsen, sollten im Herbst auf jeden Fall mit einer dicken Schicht aus Falllaub oder Stroh abgedeckt werden. Dagegen benötigen Goldkeulen, die wenigstens 30 bis 40 cm unter der Wasseroberfläche eingepflanzt sind, keinen Winterschutz.

Die winzigen, zitronengelben Blüten der aus Nordamerika stammenden Goldkeule sitzen auf einem 5 bis 6 cm langen Blütenkolben, der seinerseits von einem bis zu 40 cm langen Stiel getragen wird.

Die Schwanenblume

Schwimmende Schwäne sind sehr anmutige, in gewisser Weise sogar stattlich wirkende Wasservögel und

Die bis zu 150 cm hoch werden Schwanenblume, auch Blumenbinse genannt, liebt sonnige Standorte und warmes Wasser.

deshalb verwundert es auch nicht, dass sie bei der Namensgebung dieser herrlichen Pflanze Pate gestanden haben. Die Schwanenblume (*Butomus umbellatus*), manchmal auch als Blumenbinse bezeichnet, ist eine bis zu 1,5 m hoch werdende Staude, an deren Grundachse sich manchmal kleine, mit zur vegetativen Vermehrung dienende Brutknöllchen befinden. Diese lösen sich im Herbst und treiben danach im Wasser herum, bis sie schließlich ein geeignetes Bodensubstrat finden. Darauf bleiben sie haften und entwickeln sich im folgenden Frühjahr zu einer neuen Pflanze.

Die zahlreichen Laubblätter der Schwanenblume sind in grundständigen Rosetten angeordnet, aus deren Mitte die langen, unverzweigten Blütenschäfte herauswachsen. An ihrem oberen Ende tragen sie die in einer lockeren Dolde vereinten, hell rosafarbenen Blüten, die von Juni bis August in voller Pracht erstrahlen.

Man kann die Schwanenblume entweder am Ufer oder im Flachwasserbereich einpflanzen. Bei der letztgenannten Variante ist es zumeist sehr sinnvoll, sie in einem großen Kübel zu setzen, denn ihr Wurzelstock neigt dazu, sich stark wuchernd auszubreiten. Die Schwanenblume liebt sonnige Standorte, die über ein saures, möglichst humusreiches Bodensubstrat verfügen.

Die Schneeweiße Hainsimse

Die meisten Hainsimsen bevorzugen als Standorte trockene bis mäßig feuchte Lagen. Und so verwundert es auch nicht, dass sich von den 16 in Mitteleuropa vorkom-

Die Schneeweiße Hainsimse gehört zu den wenigen Vertretern ihrer Gattung, die sich zur Bepflanzung feuchter Standorte eignet.

menden Arten lediglich die Schneeweiße Hainsimse (*Luzula nivea*) als Gartenteichpflanze eignet. Aber dafür ist sie eine ausgesprochen schöne Vertreterin ihrer Gattung. Die Schneeweiße Hainsimse erreicht zumeist eine Höhe von 30 bis 70 cm und besitzt, wie es bereits ihr Name erahnen lässt, schneeweiße Blüten, die von Juni bis August erscheinen. Sie wachsen in dichten Büscheln zusammen, die aus 6 bis 20 Einzelblüten bestehen und ganz zweifelsfrei eine Bereicherung für jeden Gartenteich sind.
Um ordentlich zu gedeihen, benötigt die Schneeweiße Hainsimse unbedingt einen schattigen Standort mit einem ständig feuchten, sauren Bodensubstrat, dass noch zusätzlich mit fetter Humuserde angereichert sein sollte.

Die Sumpfwolfsmilch

Bei der Sumpfwolfsmilch (*Euphorbia palustris*) handelt es sich um eine in Deutschland unter Naturschutz stehende Staude. Ihren charakteristischen Namen erhielt sie aufgrund ihres in allen Pflanzenteilen vorhandenen weißlichen Milchsafts. Die Pflanze bildet einen tief reichenden, sich weit verzweigenden Wurzelstock, aus dem die bis zu 1,5 m hohen Stängel herauswachsen. An ihnen befinden sich die ungestielten, lanzettförmigen Blätter, deren Oberseite eine kräftig grüne Färbung aufweist, während die Unterseite blaugrün ist. Im Herbst verfärben sich die Blätter purpurn, sodass die Sumpfwolfsmilch speziell in dieser Jahreszeit sehr dekorativ aussieht.
Die Blütezeit erstreckt sich von Mai bis Juni. Dann erscheinen die gelblichgrünen bis gelben Blüten, die in doldenartigen Blütenständen zusammenstehen.
Sumpfwolfsmilch kann entweder am Ufer oder im Flachwasserbereich angepflanzt werden, wo sie einen sonnigen bis halbschattigen Standort haben möchte. Weiterhin sollte der pH-Wert unbedingt im sauren Bereich liegen.
Beim Umgang mit der Wolfsmilch ist immer Vorsicht geboten, da der Milchsaft, der bei jeder Verletzung der Pflanze austritt, Verätzungen hervorruft. Wenn man also die Pflanze in irgendeiner Form bearbeiten muss, sollten dabei Gummihandschuhe getragen werden. Falls kleine Kinder ständigen Zugang zum Gartenteich haben, ist es sicherlich am besten, auf die Gewächs vorerst zu verzichten.

Wie bei allem Wolfsmilchgewächsen leitet sich auch der Name der Sumpfwolfsmilch von dem weißlichen Milchsaft ab, den alle Teile dieser Pflanze aussondern können.

Als Gartenteichpflanze bietet sich auch die sehr ähnlich aussehende Glänzende Wolfsmilch (*Euphorbia lucida*) an, die im Wesentlichen die gleichen Eigenschaften wie Sumpfwolfsmilch aufweist. Beide Arten unterscheiden sich auch nur minimal in der Wuchshöhe, da die Glänzende Wolfsmilch bis zu 1,30 m hoch werden kann.

Der Wolfstrapp

Beim Wolfstrapp (*Lycopus europaeus*), für den auch noch die Bezeichnung „Ufer-

Wolfstrapp" gebräuchlich ist, handelt es sich um eine sehr anpassungsfähige Pflanze. Sie bevorzugt unter natürlichen Bedingungen ganz eindeutig feuchte bis staunasse Standorte, wie beispielsweise die Großseggenriede, Röhrichte, Erlenbrüche sowie Gewässerufer, und bildet mitunter sogar eine schwimmfähige Unterwasserform aus. Sind solche Standortvoraussetzungen nicht vorhanden, überlebt der Wolfstrapp aber auch problemlos auf sehr trockenen Flächen, wie etwa Ruderalstandorten. Dann entwickelt er allerdings eine gedrungene, verästelnde Form, wogegen er auf feuchtem Untergrund einen grazileren Wuchs zeigt und nur sehr selten verzweigt.

Der Wolfstrapp kann bis über 1 m lange Bodenausläufer hervorbringen, die mit verschlissen wirkenden Hochblättern besetzt sind. Aus diesen Bodenausläufern sprießen die vierkantigen Stängel hervor, die Wuchshöhen von 20 bis 100 cm erreichen. Daran befinden sich die kräftig grünen, zwischen 3 und 8 cm lang werdenden Laubblätter, die kreuzweise gegenständig angeordnet sind. Je nach Standort variiert der Rand der längslanzettlichen Laubblätter von grob gesägt bis fiederspaltig. Bei der Unterwasserform sind die Blätter sogar tief zerteilt. Diese verfügt jedoch nicht über die Fähigkeit, Blüten auszubilden, die nur von der Landform, im Zeitraum von Mai bis September, hervorgebracht werden. Sie sind 3 bis 5 mm lang und sitzen in dichten Scheinquirlen zusammen, von denen sich bis zu 20 an jeder Pflanze befinden können. Wolfstrapp wird so gut wie nie im Fachhandel erhältlich sein. Da die Pflanze in der Natur sehr häufig vorkommt, braucht man nur ein oder zwei Bodenausläufer abzustechen.

Im Gegensatz zu den meisten anderen Gartenteichpflanzen bevorzugen Funkien einen Standort, der sich im Schatten oder wenigstens im Halbschatten befindet.

Die Funkien

Die aus Ostasien stammenden Funkien (*Hosta sp.*), auch Herzlilien genannt, erfreuen sich als Garten- und Parkpflanzen bereits einer großen Beliebtheit. Weniger bekannt ist hingegen, dass sie sich auch hervorragend zur Bepflanzung von Teichufern verwenden lassen. Diese schon fast buschig wirkenden Stauden können in Abhängigkeit von der jeweiligen Sorte Wuchshöhen zwischen 10 und 130 cm erreichen. Ihre bis zu 50 cm langen und 15 cm breiten, herzförmigen bis spitz-ovalen Blätter sind entweder einfarbig blaugrün bis grün oder weisen zusätzlich noch eine

weiße oder gelbliche Musterung auf.
Die von Juni bis August erscheinenden großen, röhren- bis glockenförmigen Blüten stehen in dichten Trauben zusammen, welche die Blätter deutlich überragen. Die Färbung der Blüten variiert von rein weiß über zart violett bis kräftig blau und dunkelviolett.
Im Gegensatz zu vielen anderen Teichpflanzen fühlen sich Funkien in der prallen Sonne überhaupt nicht wohl, sondern wollen im Halb- oder besser noch im Vollschatten stehen. Als Bodensubstrat gibt man ihnen reine Humuserde, die nie gänzlich austrocknen darf. Außerdem muss noch beachtet werden, dass großwüchsige Funkien-Sorten zu den konkurrenzstärkeren Pflanzen gehören und unter ihrem gewaltigen Blätterdach leicht schwachwüchsige Arten ersticken können. Eine gute Nachbarpflanze für solche Funkien-Sorten ist beispielsweise das Schildblatt.

Da das Scharbockskraut dazu neigt, nesterartige oder gar flächendeckende Bestände zu bilden, kann man es gut als Unterwuchs verwenden.

Das Scharbockskraut

Für das zu den Hahnenfußgewächsen (*Ranunculaceae*) gehörende Scharbockskraut (Ranunculus ficaria) ist auch die Bezeichnung Feigwurz noch recht gebräuchlich. Seine herzförmigen, glänzenden Laubblätter ähneln denen der Sumpfdotterblume, die allerdings deutlich größer sind. Die leuchtend gelben, bis zu 2,5 cm großen, sternförmigen Blüten des Scharbockskrauts erscheinen in Abhängigkeit vom jeweiligen Standort von Ende Februar bis Mai und tragen im Frühjahr somit zur farbigen Belebung des Gartenteichs bei. Die Pflanze ist ziemlich anspruchslos. Sie gedeiht sowohl auf humushaltigen als auch auf sickerfeuchten Sandböden und blüht sogar noch im Vollschatten, obwohl sonnige bis halbschattige Standorte bevorzugt werden. Scharbockskraut neigt schnell dazu, mit seinen fleischigen Blättern entweder nesterartige oder flächendeckende Bestände zu bilden, die eine Höhe von 5 bis 25 cm haben können. Die Pflanze eignet sich deshalb sehr gut als Unterwuchs, beispielsweise von Weidengebüschen. Da der Fachhandel das Scharbockskraut jedoch so gut wie nie anbietet, entnimmt man bei Bedarf am besten der Natur einige Exemplare. Zu diesem Zweck sticht man aus einem kräftigen Bestand ein (oder zwei) 20 x 20 cm große Stücke heraus und überprüft dabei gleich noch die Zusammensetzung des Bodens, um dem Scharbockskraut am Teichufer ein möglichst ähnliches Substrat zu geben.

Unterwasserpflanzen

Spiegelndes Laichkraut

Im Gegensatz zu dem eng verwandten Schwimmenden Laichkraut, bei dem es sich um eine Schwimmpflanze handelt, muss das Spiegelnde Laichkraut (*Potamogeton lucens*) eindeutig zu den Unterwasserpflanzen gezählt werden. Die Pflanze besitzt einen kriechenden Wurzelstock, aus dem die 1 bis 5 m langen Stängel herauswachsen. Im Frühjahr entspringen an ihnen die zunächst binsenförmigen Laubblätter, die später eine schmal-ovale Form annehmen und bis zu 25 cm lang werden können. Die Blütezeit erstreckt sich von Juni bis August; dann werden die 3 bis 7 cm langen Ähren, welche die unscheinbaren grünen Blüten tragen, über die Wasseroberfläche hinausgeschoben.
Spiegelndes Laichkraut gehört zu den Pflanzen des Gartenteichs, die sich in Wasser mit einem pH-Wert über 7,0 besonders wohl fühlen. Außerdem sollte es an einer sonnenexponierten Stelle mindestens 50 bis 70 cm tief in den Teich gepflanzt werden. Unter solchen Bedingungen wächst die Pflanze sehr stark und entzieht dabei dem Wasser täglich große Mengen an überschüssigen Nährstoffen. Mitunter wird man nicht umhin kommen, den Bestand kräftig auszulichten.
Eine weitere Unterwasserpflanze aus der Familie der Laichkräuter (*Potamogetonaceae*), die sich ebenfalls sehr gut zur Ausgestaltung des Gartenteichs anbietet, ist das Durchwachsene Laichkraut (*Potamogeton perfoliatus*). Diesen charakteristischen Namen erhielt die Pflanze, weil die Laubblätter mit ihrem herzförmigen Grund die Stängel völlig umgreifen. Beim Betrachten entsteht dann der Eindruck als sei der Stängel durch die untersten Teile der Blätter hindurchgewachsen. Die Kultivierungsansprüche des Durchwachsenen Laichkrauts entsprechen im Wesentlichen denen des Spiegelnden Laichkrauts.

Während es sich beim Spiegelnden Laichkraut eindeutig um eine Unterwasserpflanze handelt, zählt man ...

Der Südliche Wasserschlauch

Der Südliche Wasserschlauch (*Utricularia australis*) ist eine von sechs Arten, die in Mitteleuropa vorkommen. Allerdings sind sie nirgends häufig anzutreffen.
Sämtliche Wasserschlauch-Arten zeichnen sich durch eine sehr bemerkenswerte Besonderheit aus: Sie sind mittels spezieller Organe, den so genannten Fangbläschen, in der Lage, kleinste Tierchen, wie Wasserflöhe oder junge Mückenlarven zu erbeuten. Anschließend zersetzen sie ihre Beutetiere mit Hilfe von Enzymen und

... das eng verwandte Schwimmende Laichkraut zu den Schwimmpflanzen.

nutzen die dabei frei werdenden Substanzen, insbesondere die Stickstoffverbindungen, für ihren eignen Stoffwechsel. Falls man im Teich keine Fische hält, die sämtliche Stechmückenlarven auffressen, ist es immer ratsam, eine Wasserschlauch-Art zu pflegen, damit diese Aufgabe von ihr übernommen wird. Dagegen gehört Wasserschlauch nicht in einen Gartenteich, in dem sich frischgeschlüpfte Fischbrut befindet, weil diese bei einigen Arten so klein ist, dass sie durchaus in den Fangbläschen enden kann.
Bei der Pflege des Südlichen Wasserschlauchs sollte der pH-Wert des Teichwassers möglichst immer unter 7,0 liegen. Seine Rhizoide, die wurzelähnlichen Gebilde, dienen nicht zur Nährstoffaufnahme, sondern lediglich zur Verankerung im Bodensubstrat. An den bis zu 30 cm langen Stängeln entspringen die zwei- bis dreifach gefiederten Blätter, an welchen sich wiederum viele, äußerst grazil wirkende Blattzipfel befinden. Aus einigen Blattzipfeln entstehen durch ein späteres Einrollen die Fangbläschen. Die Blütezeit des Südlichen Wasserschlauchs erstreckt sich von Juni bis Anfang September. Während dieser Zeit schiebt die Pflanze einen 6 bis 60 cm langen, aufrecht stehenden Stängel über die Wasseroberfläche, der eine rötlichbraune Färbung aufweist. An ihm ordnen sich in lockeren Trauben die dottergelben Blüten an.
In den gemäßigten Breiten ist der Südliche Wasserschlauch nicht in der Lage, reife Früchte auszubilden. Deshalb erfolgt die Vermehrung nur auf vegetativem Weg. Hierfür bildet die Pflanze im Herbst Endknospen, aus denen sich im Frühjahr neue Pflanzen entwickeln.
Es ist ratsam, neu erworbene Wasserschlauch-Arten vor dem Einsetzen in den Gartenteich gründlich auf Planarien zu untersuchen. Das sind gallertartige Tiere, die in ihrer Gesamterscheinung ein wenig an Nacktschnecken erinnern. Es ist nämlich nicht gänzlich auszuschließen, dass die Planarien die Fangbläschen „ausplündern“, indem sie deren Inhalt aussaugen. Dadurch würden Nährstoffe verloren gehen, die der Wasserschlauch für seine eigene Entwicklung benötigt.

Das Ährige Tausendblatt

Beim Ährigen Tausendblatt (*Myriophyllum spicatum*) handelt es sich um eine in Afrika und Eurasien weit verbreitete Wasserpflanze. Ihr rötlicher, verzweigender Stängel kann im Extremfall bis zu

3 m lang werden, wobei jedoch die meisten Exemplare wesentlich kürzer bleiben. Charakteristisch für die Tausendblatt-Art sind die in vierzähligen Quirlen zusammenstehenden sehr feinfiedrig gespaltenen Blätter. Von Mai bis September werden die verhältnismäßig unscheinbaren Blütenstände geschoben, die im Normalfall als einzige Pflanzenteile über die Wasseroberfläche hinausragen.
Das Ährige Tausendblatt fühlt sich auch in kalkreicherem Wasser noch sehr wohl. Dagegen benötigt das ebenfalls zur Bepflanzung von Gartenteichen gut verwendbare Quirlige Tausendblatt (*Myriophyllum verticillatum*), dessen Blätter in Fünferquirlen zusammenstehen, unbedingt saures Wasser.
Eine weitere gern gepflegte Art ist das Brasilianische Tausendblatt (*Myriophyllum aquaticum*), das im Fachhandel auch oftmals unter der Bezeichnung „Papageienfeder" angeboten wird. Diese nicht ganz winterharte Pflanze neigt dazu, ihre Stängelenden ein wenig aus dem Wasser herausragen zu lassen. Gelegentlich stehen diese so dicht, dass das Ganze beim Betrachter den Eindruck eines geschlossenen, auf der Oberfläche schwimmenden Pflanzenteppichs erweckt. Um das Papageienblatt erfolgreich zu überwintern, müssen die Pflanzen mindestens 70 cm tief im Teich stehen. Ansonsten ist es günstiger, sie herauszunehmen und in einem Aquarium zu überwintern.
Sämtliche Tausendblatt-Arten sind sehr lichthungrig. Sind darüber hinaus auch noch reichlich verfügbare Nährstoffe im Gartenteich vorhanden, wächst die Pflanze enorm schnell und weiß sich dabei gut gegen andere Unterwasserpflanzen zu behaupten, mit denen sie zuweilen sogar ein regelrechtes Gewirr bildet. In solchen Situation muss der Bestand selbstverständlich kräftig ausgedünnt werden. Die dabei entfernten Stängel lassen sich nicht nur hervorragend kompostieren, sondern eignen sich auch gut als Gründung.

Ähriges Tausendblatt ist eine Unterwasserpflanze, die bei ausreichender Sonneneinstrahlung schnell dichte Pflanzengewirre im Wasser bildet.

Das Weiche Hornkraut

Das Weiche Hornkraut (*Ceratophyllum submersum*) ist nicht nur wie das Harte Hornkraut eine verhältnismäßig anspruchslose, pflegeleichte Pflanze, sondern ähnelt diesem auch im Grundaufbau sehr. An seinem bis zu 1 m langen Stängel sind die etwas graziler

Auch wenn es im ersten Moment etwa verblüffend klingen mag, aber sämtliche Hornkrautgewächse – hier das Zarte Hornkraut – sind sehr eng mit den Seerosen verwandt.

wirkenden Blätter ebenfalls in Quirlen angeordnet. Allerdings gabelt sich jedes Blättchen des Weichen Hornkrauts drei- bis viermal auf, während beim Harten Hornkraut nur ein bis zwei Gabelungen vorhanden sind. Außerdem tragen die winzigen Früchte der letztgenannten Art auch noch zwei kleine Stacheln.
Weiches Hornkraut vermehrt sich überwiegend auf vegetativem Weg, also entweder über die stärkereichen Endknospen, die den Winter am Grund des Teiches überdauern und die Basis für die Hornkraut-Generation des Folgejahres bilden, oder durch Stängelbruchstücke. Jedes dieser Bruchstücke ist in der Lage, sich in recht kurzer Zeit wieder zu einer kompletten Pflanze zu entwickeln. Neben der vegetativen Vermehrung ist das Weiche Hornblatt als Samenpflanze selbstverständlich auch zur generativen Vermehrung befähigt. Zu diesem Zweck erscheinen im Zeitraum von Juni bis September die männlichen und weiblichen Blüten an unterschiedlichen Blattquirlen. Die männlichen Blüten, die wesentlich häufiger vorhanden sind, setzen sich aus etwa 20 Staubblätter zusammen. Dagegen bestehen die weiblichen Blüten nur aus einem Fruchtblatt mit Fruchtknoten und dem langen Griffel. Sobald die Staubblätter ihre volle Reife erlangt haben, lösen sie sich, um zur Wasseroberfläche zu schweben. Dort geben sie ihre Pollen frei, die wiederum in Richtung Gewässergrund sinken und dabei nach dem Zufallsprinzip auf eine weibliche Blüte treffen können. Beim Zusammentreffen erfolgt die Befruchtung. Anschließend entwickeln sich die stachellosen als Nüsschen bezeichneten Früchte.
Weiches Hornkraut fühlt sich in warmem sonnendurchflutetem Wasser am wohlsten. Sind genügend Nährstoffe vorhanden, neigt genau wie das Tausendblatt dazu, schnell ein dichtes Pflanzengewirr zu bilden, das man regelmäßig auslichten muss. Alle Hornkraut-Arten reagieren auf sehr viele Chemikalien, beispielsweise Mittel zur Algen- oder Schneckenbekämpfung, äußerst empfindlich. Gelangen diese ins Wasser, kann es passieren, dass ein kräftiger Bestand binnen weniger Tage verschwindet.
Zum Abschluss noch eine interessante Tatsache, die oftmals Verwunderung hervorruft: Die nächsten Verwandten der Hornkrautgewächse (*Ceratophyllaceae*) sind die Seerosengewächse. Diese enge Verwandtschaft resultiert vor allem daraus, dass beide Familien zwar ganz zweifelsfrei zu den zweikeimblättrigen Pflanzen gehören, aber trotzdem viele morphologische Merkmale einkeimblättriger Pflanzen aufweisen.

Die Wasserfeder

Obwohl die Wasserfeder (*Hottonia palustris*) auch in der Lage ist, längere Zeit über dem Wasserspiegel zu existieren, wird sie dennoch als Unterwasserpflanze vorgestellt, weil sich hier ihr angestammter Lebensraum befindet. Normalerweise schiebt die Wasserfeder, ähnlich wie das Ährige Tausendblatt, lediglich ihre Blüten über die Wasseroberfläche hinaus. Diese sind weiß oder leicht rosa gefärbt und ordnen sich quirlförmig um die bis zu 50 cm langen Blütenstängel herum an, welche von Mai bis Juni erscheinen können.
Die Form der Einzelblüten lässt sofort erkennen, dass die Wasserfeder zu den Primelgewächsen (*Primulaceae*) gehört. Die Pflanze besitzt zumeist eine verzweigende Hauptachse, die sich mit ihren kräftigen Wurzeln im Bodensubstrat verankert. Um die Hauptachse befinden sich die Laubblätter, die entweder als Quirl zusammenstehen oder unregelmäßig verteilt sind. Kurz unter der Wasseroberfläche spalten sich die einzelnen Stängel in einen Quirl feinfiedriger Äste auf, aus dem der bereits erwähnte Blütenstängel herauswächst.
Soll die Wasserfeder im Gartenteich gepflegt werden, muss man dafür sorgen, dass das Wasser einen leicht sauren pH-Wert aufweist und möglichst immer klar ist. Aus diesem Grund eignet sie sich kaum für Gartenteiche, die stark gründelnde Fischarten beherbergen. In Bezug auf die Lichteinstrahlung stellt diese Pflanze keine besonderen Ansprüche, denn sie gedeiht sogar noch sehr gut an vollschattigen Stellen. Aus heimischen Gewässern darf die Wasserfeder nicht entnommen werden, weil sie unter Naturschutz steht.

Armleuchteralgen

Algen sind nicht gleich Algen. Während einige Arten dem Gartenteichbesitzer, wie bereits erwähnt, manchmal recht viel Verdruss bereiten können, existieren wiederum andere Vertreter, die es durchaus wert sind, gepflegt zu werden. Letzteres trifft vor allem auf die Exemplare aus der Gattung der Armleuchteralgen zu. Sie gehören zu den am höchsten entwickelten Algen überhaupt. Armleuchteralgen bauen relativ große Mengen an Kalk in ihre Zellwände ein, wodurch sie zwar oftmals aufrecht im Wasser stehen aber auch sehr leicht zerbrechlich sind. Jede einzelne Armleuchteralge besteht aus einer 5 bis 35 cm langen Hauptachse, die sich in regelmäßigen Abständen quirlartig in die so genannten Kurztriebe verzweigt. Letztere bilden ihrerseits wiederum noch kleine Seitenäste, wodurch die Pflanze ein wenig an Hornkraut erinnert. Allerdings wirkt sie in ihrer Gesamterscheinung wesentlich graziler als das Hornkraut.
Armleuchteralgen sind enorm lichthungrig und sollten deshalb ausschließlich im stark sonnendurchfluteten Flachwasserbereich angepflanzt werden. Zu diesem Zweck beschafft man sich am besten ein kräftiges Büschel, das sich in der Folgezeit oftmals zu einer sehr schön anzusehenden „Unterwasserwiese" entwickelt. Diese wird übrigens von Fischen gern als Laichplatz genutzt.
Wer es jedoch nicht realisieren kann, dass der pH-Wert des Wassers dauerhaft über 7,0 liegt, sollte lieber auf die Pflege von Armleuchteralgen verzichten, da sie in saurem oder neutralem Milieu immer mehr oder weniger starken Kümmerwuchs zeigen.

Literatur

P. Michaeli-Achmühle (1983): Mein Gartenteich und seine Pflanzen, Humboldt-Taschenbuchverlag Jacobi KG, München

H. Bellmann (1988): Leben in Bach und Teich, Mosaik-Verlag, München

H.-J. Herrmann (1998): Mein Gartenteich, Tetra-Verlag, Münster

H.-J. Herrmann (2001): Die Gartenteichpraxis, Tetra-Verlag, Bissendorf

Ch. Kasselmann (1995): Aquarienpflanzen, Ulmer-Verlag, Stuttgart

H.-D. Krausch (1996): Farbatlas Wasser- und Uferpflanzen, Ulmer-Verlag, Stuttgart

V. Oldag u. M. Kirschner (2001): Mini-Teiche, Augustus-Verlag, München

W. Rothmaler (1981): Exkursionsflora, Band 2, Volk und Wissen Volkseigener Verlag, Berlin

W. Schimana (1993): Wassergärten, Franckh-Kosmos Verlag, Stuttgart

P. Stadelmann (2000): Fische für den Gartenteich, Gräfe-Unzer Verlag, München

E. Wendelberger (1986): Pflanzen der Feuchtgebiete, BVL Verlagsgesellschaft, München

Weiterführende Zeitschriften:

Das Aquarium, Schmettkamp-Verlag, Bornheim

Gartenteich, Dähne-Verlag, Ettlingen

Aquaristik-Fachmagazin, Tetra-Verlag, Bissendorf

Register